method of shop
that keeps making a profit

不景気でも儲かり続ける店がしていること

米満和彦
kazuhiko yonemitsu

同文舘出版

まえがき

不景気でも儲かり続ける店の経営者には共通点があります。

そのひとつが、子供のような目の輝き。

自分自身がつくった商品を差し出し、溢れるほどの笑顔とともにその商品の特徴を語ります。なぜ、その商品を作ったのか？　また、どのような方法で作ったのか？

その商品が、いかに世の中を豊かにするかを躍動的に語ります。それはまるで、子供が将来の夢を語るかのように。

彼らの思いはストレートに伝わってくるので、消費者は思わず財布の紐を緩めてしまいます。その結果、店は繁盛する。

また、自分が惚れ込んだ商品が世の中に認められていくから、彼らの目はさらに輝きます。同時に、自分の商品を認めてくれたお客様に対して、感謝の気持ちを抱くようになります。「ありがとう」だけでは物足りず、メールや手紙を書くようになります。

すると今度は、それを受け取ったお客様が喜びます。店の経営者から手紙をもらうという経験は滅多にありませんから、その心遣いに感動するのです。

一方、売れない店の経営者は、なかなか商品に目が向きません。さまざまな方法で告知しているにもかかわらず、客足が少ないため、商品力を信じられません。そんな思いで売っている商品を、消費者が「買いたい」と思うわけがありません。

だから当然、お客様への感謝の気持ちも湧いてこない。その結果、さらに客足は遠のき、売上げは減少の一途をたどっていく……。

スタート時点のボタンの掛け間違いが、長い年月の間に大きな差を生み出す結果となります。何がよくて、何がよくなかったのか？

大きな差を生み出した要因をひと言で言い表わすと、それは**「心の絆」**です。

繁盛店経営者はお客様が喜ぶ顔を見たくて、よりよい商品を作ります。一所懸命に作った商品だから、今度はそれを手にしたお客様が喜びます。

すると、さらに経営者の喜びが増し、買ってくれたお客様に感謝の気持ちを伝えます。その結果、お客様が感動し、再び店に足を運んでくれるようになる。

それはまるで、店はお客様のために、お客様は店のためにエールを送り合っているかのようです。やがて、両者の間には確固たる「心の絆」が芽生えます。

繁盛店が繁盛している最大の要因が、この「心の絆」にあるのです。

本書では、その「心の絆」を生み出すための具体的な方法をご紹介していきます。

1章では、新規客以上に既存客を優遇するメリットとその理由についてご説明します。

2章では、店の売上げを上げるための正しい流れについてご説明します。

3章では、低リスクな新規客獲得法と、顧客情報収集の重要性についてご説明します。

4章では、精読率の高いニュースレターの重要性・作成法についてご説明します。

5章では、お客様を感動させる「ポストカード販促」についてご説明します。

6章では、3つの「繁盛店の永久不変の法則」についてご説明します。


全体を通して、難解な手法は何ひとつありません。すべても誰でも今日からできることばかりです。

また、多額な経費がかかることもないし、その必要もありません。

本書を読むことで、販売促進と商売の全体像がつかめることでしょう。

2011年3月

株式会社ザッツ 代表取締役　米満和彦

CONTENTS

不景気でも儲かり続ける店がしていること

2章　販売促進の「正しい順序」

3章　新規客獲得～10の仕掛けで集客しよう

6章 商売繁盛が実現する永久不変の法則

装丁 高橋明香(おかっぱ製作所)
本文デザイン・DTP ジャパンスタイルデザイン(山本加奈・榎本明日香)

序章

たとえば、売上アップのために**「値引キャンペーン」**を企画したとします。

3000円以上ご購入いただいたお客様は500円値引。

当然、お客様は喜びます。

通常なら、3000円支払わなければ買うことができない商品を、実質2500円で買うことができるからです。

ちなみに、このキャンペーンを実施することで、店は500円損をすることになります。

もともと、3000円受け取るべき商品なのに、2500円しか受け取ることができないから……と、ここまでが一般的な考え方です。


では、「500円損する」ことを軸に、もっと工夫をすることはできないでしょうか？

単なる「値引き」では、店にとっては500円のマイナス、お客様にとっては500円のプラスでしかありませんが、たとえば、**500円相当額の商品をプレゼントする**というやり方があります。

3000円以上ご購入いただいたお客様に**「500円で仕入れられる販売価格1000円の商品」をプレゼントする「プレゼントキャンペーン」**です。

店にとっては、「値引キャンペーン」同様500円の損となりますが、お客様の喜びは倍増します。

何せ、3000円の商品を買って1000円のプレゼントがもらえることで、実質「1000円分お得」と感じられるからです。

もちろん、プレゼント商品を探す手間や、プレゼント商品が在庫となった場合などの問題はありますが、ここで私が言いたいことは**工夫すること**です。

「キャンペーン＝値引」と考えるのではなく、同じ経費をかけるのなら、他に工夫の余地はないか？　と考えることが大切なのです。

そのために必要なのが「情報」です。繁盛店が実際に行なって成功しているノウハウや書籍やセミナー等から得られる情報など、仕入れる情報は多ければ多いほどいいでしょう。その中から、あなたに合った情報を取捨選択して応用することで、商売繁盛への道のりはぐっと近づきます。

たとえば、あるアパレル繁盛店ではいつもお客様の行列が絶えません。

目の前で多くの人が並んでいるわけですから、その状況には説得力であり、どんな立派な広告もかないません。

そこに行列があるだけで、店が魅力的に映り、もともと買う気がなかった人までもが列をなし、さらに行列は伸びていきます。店主は満面の笑顔。

しかし、その裏にはとてもシンプルな、ある「仕掛け」があったのです。

それは、**「入場制限」をすること。**

「一度に30人までしか入店できません」とアナウンスし、10分間隔で行列のお客様を入店させる仕組みです。

つまり、行列は自然発生的に生じたものではなく、店側が意図的に作り出した現象にすぎないのです。

その気になれば、誰でもできる繁盛法。これが「情報」の価値です。

ただ、情報収集においては注意すべき点もあります。

現代は情報社会であり、その気になれば大量の情報を仕入れることができます。そのときに注意すべき点は、それらすべての情報を鵜呑みにせず、整理していくことです。

たとえば、日々得られる大量の情報を「今すぐ使える情報」「今すぐには使えない情報」「保留」の3つに分類するなどです。

あなたに合った整理法を見つけ出し、それをもとに情報を取捨選択してください。そうすることで、情報洪水の渦に巻き込まれることなく、効率的な情報収集・活用ができるでしょう。

そして、本書では**「商売繁盛へ導くための情報」**について説明していきます。なるべくシンプルかつ具体的に、人間の心理・習性にもとづいた情報のすべてを公開いたします。

「人はなぜ買うのか？」――その基本原理を理解していただくために、本書を執筆しました。本書をお読みいただいた後には、きっと安堵に似た感情が芽生えることでしょう。「やはり、この考え方で間違いなかったのだ」と、きっとこれからの商売が楽しく感じられることでしょう。

なぜなら、今からお話しする「商売繁盛へ導くための情報」は、もともとあなたが潜在的に持っている（知っている）人間法則をもとに導き出したものだからです。

約10年前、私は32歳で独立起業しました。

大手企業のサラリーマンという立場を捨て、自分の力だけでゼロから何かを生み出してみたいと思ったからです。

ゼロから1を生み出すことができたら、きっと成功するでしょう。

でも、ゼロから1を生み出すことができなければ、あきらめよう。

覚悟の船出でした。


独立後、事務所を借りるお金などありませんから、自宅を事務所代わりにして、毎日飛び込み営業に駆けまわりました。

業務の内容を1枚のペーパーにまとめ、福岡の中心地である博多・天神を歩きまわりました。しかし、なかなか仕事を受注することはできませんでした。

最初の訪問は門前払いの連続でしたが、それでもめげずに訪問し続けていると、その中から一定の割合の企業で話をすることができるようになりました。

同じテーブルで向かい合い、お互いの仕事に関する話を交わします。

当時、私は必死でした。家には妻と3歳の娘がいたので、何がなんでも収入を得なければならなかったからです。

私は必死で頭を下げました。「どんな小さな仕事でも、全力で行ないます。ぜひ、よろしくお願いします！」と。

しかし、それでも受注には至りません。

サラリーマン時代、仕事があることが当たり前だと思っていた自分自身を思い返し、遅ればせながら大きな勘違いをしていたことに気づきました。

自分の力で受注したと思っていた仕事の数々は、実は会社の力で受注していたのだ、ということに。

しかしそのとき、雑談していた担当者が小さくつぶやいたのです。

「ごめんなさい。なかなか仕事をお願いできなくて……」

このひと言が、私に大きな「気づき」をもたらすことになったのです。

担当者は、なぜ謝ったのだろう？

相手は発注者であり、私は受注を期待する業者の1人にすぎません。

発注権限は相手にあり、たとえ発注しなくても謝る必要性などどこにもありません。

でも、彼は謝った。

なぜ、彼は謝ったのか？

その表情、言葉が気になり、担当者の言葉の裏に隠された真意を探ろうと、思案し続けました。

そんなある日、私はある重大な人間心理に気づきました。

きっかけは、サラリーマン時代のある出来事です。

当時、私は印刷会社の営業マンでした。日々クライアントから仕事を受注し、その後懇意にしているデザイナーにデザイン制作の依頼をかけます。

打ち合わせは午前中に行なわれることが多く、朝早い時間からデザイナーが来社し、挨拶や雑談を交わした後、広告デザインの打ち合わせをはじめます。

デザイナーの多くは、若くてセンスある方ばかりです。印刷の知識にもくわしく、逆に私が学ぶことも少なくありませんでした。

仕事をするほどに、お互いの信頼感はますます高まっていきます。

しかし、年末の繁忙期ともなると、デザイナーは忙しくなります。人気デザイナーからは、仕事を断られることもしばしばでした。それが当たり前だと思っていました。

そんなとき、ときどき見知らぬデザイナーが飛び込み営業に現われるのです。

ところが、私はその人のことを知りません。

初めて会う人ですから、相手にどれほどの力量があり、信頼に足る人かどうか、はわかりません。

ですから、相手が口にする簡単な説明を受け、「検討させていただきます」のひと言でその場を締めます。

第一印象がとても感じのいい人であっても、初対面の場で仕事をお願いするということはありませんでした。

そのときの、その場面が蘇ってきたのです。

独立後、訪問し続けて談笑するまでの仲になった担当者は、なぜ私に謝ったのか。

その答えが明確にわかったのです。

それは、**私のことを知らないから。**

いつも仕事をお願いしているデザイナーとはつきあいが長いため、お互いのことをよく知っています。デザインセンスや仕事の力量云々という問題ではありません。知っているから、信頼（安心）できるのです。

一方、初対面の相手のことは何ひとつ知りません。知らないから信頼できないのです。どちらも同じデザイナーです。客観的に比較検討すると、飛び込みでやって来たデザイナーのほうが、センスがあるかもしれません。価格が安いかもしれません。こなせる仕事量も、上回っているかもしれません。

でも、それらすべてのことを知らないのです。

だから、発注することができない。

私に謝った担当者の言葉の裏に隠された真意を、明確に理解できた瞬間でした。

きっと、彼の心の声はこうだったのでしょう。

「ごめんなさい。なかなか仕事をお願いできなくて……**（何せ、まだあなたのことを知らないから）**」

そこで私は、作戦を変更しました。事業の説明とともに、私という人間をアピールすることにしたのです。

私が独立した経緯や家族構成、生まれ故郷の話や将来の夢など、「私」という人間を深く理解できるよう、手づくりニュースレターなどを持参して営業活動に励みました。

また、当時はまだ珍しかったメールマガジンを創刊させ、毎週3回販促情報を配信し、そのコンテンツを次々にホームページにアップしていきました。

そして、名刺の裏面にホームページのＵＲＬを記載し、「ぜひ、ご覧ください」と付け加えることにしました。

そこに、膨大な数の販促情報が載っていることで、真面目でたくさんの知識を持っていることを、短期間に印象づける作戦です。

これらの工夫が功を奏し、徐々に仕事を受注することができるようになっていきました。

当然、以前私に謝った担当者からも、仕事をいただくことができました。

そのときの彼の笑顔を、今でも忘れることができません。

「ようやく、米満さんに仕事をお願いすることができます！」と、まるで自分のことのように喜んでくれたのです。

「あなたのことは十分に理解できた。ＯＫです！」という彼の心の声が聞こえてきました。

本書でお話ししたいこと。それは、売れる状況を作ることです。

売れる状況とは、知ってもらうこと。

人は、「知らない相手」からは購入しません。

初対面の相手がどれほど誠実そうな人であっても、また流暢な言葉を駆使して商品アピールをしたとしても、決して「知らない相手」から商品を買うことはありません。

この、とてもシンプルな人間心理を理解しないまま、強引に商品を売りつけようとするから不信感だけが増大していくのです。

商品の質や価格は二の次。

「知らない」障壁を乗り越えなければ購入には至らない、という事実を知っていただきたいのです。

世の中を見渡してみると、多くの店舗経営者が商品訴求に注力しています。

広告のほとんどが、商品のよさや品揃え、キャンペーンやイベントの訴求に終始しています。

「30%OFFキャンペーン」を実施して効果が低ければ、次にすることは「50%OFFキャンペーン」。それでも、よい結果が得られなければ、結論として導き出す言葉が「不況だから仕方がない」。

でも、あなたは親友が店をオープンした際、足繁く通った経験はありませんか？

親友を応援したいから、少々値段が高くても味が悪くても、店に通った経験はありませんか？

親友の店だから、一切の割引がなくても当然のように通う。それどころか、あなた自身が広告塔となって、別の知人に店を紹介したりもする。

それはなぜだと思いますか？

その答えは、**親友＝知っている人**だからです。

先述しましたが、現代は情報社会です。

巷には、多くの情報が溢れています。店舗経営や販促に関する情報も数多く得られます。

しかし、そのほとんどがテクニック論です。それはそれで大切なノウハウではあるのですが、その前に立ちはだかる「知らない」という大きな壁を乗り越えない限り、繁盛店を実現することはできません。

では、どうすれば「知ってもらえる」のか？

その方法は非常にシンプルであり、容易に実行可能なことばかりです。

そして、そこには「正しい順序」があり、本書ではそれらをひとつずつ具体的に説明していきます。

まずは、「知っている」という「買いやすい状態」を作りましょう。

その土台があれば、勢いを伴ってモノが売れはじめます。

売れる・売れない、の分岐点でもある「知っている」を無視して走り続けることは、アクセルを踏みながら、同時にブレーキをかけているようなものです。いくら努力しても、それに見合った成果を上げることはできません。

本書では、大きく3つの流れに沿って説明していきます。

3つの要素をすべて満たせば、販売が加速していくことは間違いありません。それどころか、これまでの経験上、本書で説明する2つ目の段階で売れはじめる店も少なくありません。

人（販売者）と人（購入者）が接する業種であれば、すべてに当てはまる人間心理学的ノウハウです。

このノウハウを理解すれば、きっとあなたも「親友の店」に似た好環境を作り出すことができるでしょう。

現在繁盛している店や企業だけでなく、江戸～明治時代、近代商売が成り立ちはじめた古の時代から、この基本法則は何ら変わるところはありません。

本書には、**商売繁盛を実現するための最も大切な鍵**を書き記しました。

本書を読み終えたとき、きっとあなたの心には「希望の答え」が灯るはずです。

商売繁盛へ通じる「方程式」を、ぜひお読みください。

間違いだらけの販売促進

1

釣った魚に餌をやらない

ある日、健一くんは理想の女性と出会いました。

そこで、彼は懸命なアプローチ活動をスタートさせます。

「今週末は暇ですか？」とデートの申し込み。

断られても断られても、健一くんはあきらめません。なぜなら、出会った相手は理想の女性だったから。

その後、直球勝負ではなかなか切り崩せないことを理解した健一くんは、変化球を用いはじめます。

「たまたま、映画のチケットが手に入ったので……」

「イケメンの友達がいるんだ。4人でドライブなんてどう？」

そんな努力のかいあって、徐々に2人だけの時間が増えていき念願の初デート。

もちろん、その場面でも力を抜くことはありません。自分のことをよく知ってもらうために、幼少期の思い出話や趣味、将来の夢などの情報を与え続けます。

デートのたびにサプライズを準備し、相手の記念日にはプレゼントも用意。

やがて、理想の相手が少しずつ健一くんの魅力を知りはじめ、見事カップル成立。

健一くんは、大物の魚を釣り上げることに成功したのです。

……しかし、そこで健一くんは大きな過ちを犯してしまいます。

「もう僕の彼女だから、これからはそれほどがんばる必要はないだろう」

この恋の結末はいかに……!?

説明する必要はないでしょう。

しかし、あれほど情熱的だった健一くんは、なぜ「過ち」を犯してしまったのでしょうか？

それは、理想の女性が「彼女」になった瞬間、「安心」してしまったからです。その女性が、未来永劫「彼女」でい続けてくれるだろうと錯覚してしまったからです。

ところで、あなたは健一くんと同じ過ちを犯したことはありませんか？

賢明なあなたのことですから、恋愛の場面において、そんな失敗を犯したことはないでしょう。では、仕事の場面では……？

最近、釣った魚に餌をやらない店が増えています。

釣った魚に餌をやらないと、魚はどうなると思いますか。当然のことながら、死んでしまいます。

健一くんの元カノも、「釣った魚」と同じ運命だったのかもしれません。

毎日届く新聞やフリーペーパー広告を眺めていると、そこには実に刺激的で魅力的なキャッチコピーが並んでいます。

「新規のお客様は50％ＯＦＦ」

「初めてのご来店時に素敵な特典をプレゼント！　※新規ご利用時に限る」

1人でも多くの新規客を獲得しようと、利益度外視で消費者を魅了しています。

しかし、時代は不景気。

いくら努力をしても、なかなかお客様は来店してくれません。

直球勝負ではなかなか切り崩せないことに気づいた経営者たちは、変化球を用いはじめます。

「紹介客は初回無料」

「新規のお客様の中から、10名様に温泉旅行プレゼント！」

新規のお客様を獲得するために、もう店主は必死です。

しかしやがて、そんな努力のかいあって、クーポン券を手にしたお客様が初来店。

新規客を前にして、店主の満面の笑みがこぼれます。それまで、必死にがんばり続けてきた努力が実った瞬間だから、つい笑顔がこぼれるのもうなずけます。

……しかし、そんな光景を苦々しい表情で見つめている人がいます。

そう。いつもご来店いただいている既存のお客様です。

「毎月多額のお金を払い続けている私が「定価」で、なぜ、今まで1円も支払っていないそのお客が「半額」なの？」

悶々とした心情でその光景を見つめていた彼（彼女）らは、やがて静かにあなたの店を離れていきます。

これが**「失客」**です。

しかし、ほとんどのお客様は、「今日の来店が最後です」などと言わないため、店主はなかなかそのことに気がつきません。

「頻繁にご来店いただいていた鈴木さん。そういえば、最近姿を見せないな……」

恋愛の場面ではあり得ないミスなのに、仕事の場面では、こうした致命的なミスを繰り返している店が少なくありません。

商売繁盛の起点

一方、繁盛している店は「釣った魚」に餌を与え続けています。

繁盛店経営者にはいくつかの共通点がありますが、その代表的なポイントがここにあります。

餌を与え続けている……というよりむしろ、来店頻度の高い（または購入金額の多い）お客様ほど優遇しています。そうすればするほどお客様は満足感を感じ、定期的に来店してくれるようになるからです。

新規客に対しては、「あなたは、まだそのレベルに達していない」とばかりに、低いレベルからスタートし、徐々に優遇レベルを高めていきます。

初来店時に全力投球する経営スタイルとは、180度異なる考え方です。

では、なぜ多くの経営者が新規客を優遇してしまうのかというと、**初来店してくれるまでの過程が刺激的で、満足感を感じるから**です。

多額の経費を使って広告を打ち、その「結果」として初来店してくれるわけですから、とても刺激的です。

一方、いつもご来店いただくお客様の顔は見慣れているため、そこに刺激を感じることはありません。また、クーポン券を持参した場合でも、新規客から受け取る代金は**新しく上乗せされた売上げ**となるため、大きな満足感や達成感を感じることができます。

一方、固定客からいただく代金は**予想された売上げ**ですから、大きな満足感を感じることはありません。

その結果、多くの経営者が「新規客獲得」に力を入れるようになっていくのです。

ところで、新規のお客様を獲得するためには、どれくらいの経費がかかるかご存じですか？

業種によって異なりますが、広告の世界では一般に、**新規のお客様を獲得する経費は、既存客の5～6倍**と言われています。

たとえば、あなたの店でキャンペーンを行なう場合、新規客に対する告知は、新聞折込チラシやフリーペーパー広告などの「マス広告」を活用することになります。

※「マス広告」とは、テレビや新聞などのマスメディアを使って、広く不特定多数の消費者に告知する広告の総称。

一方、既存客へお知らせする場合は、お客様の名前や住所がわかっているため、ハガキや封書（DM）でダイレクトに告知することができます。

そして、それぞれ10万円ずつかけてアナウンスした場合、新聞折込チラシに換算すると1万枚、DMでは1000人のお客様にお知らせすることが可能（仮定）となります。

その結果は、（それぞれの平均的な反応率から算出すると）新聞折込チラシの約10人に対して、DMでは50～60人の来店客を得られることになります（あくまで平均的な数値）。

……だから、新聞折込チラシが×でDMが○、ということではありません。

ここではまず、広告媒体や情報を発信する相手によって、「差」が生じるということを理解してください。

次に、「人間の特性」についてお話しします。

本来、人間は「初めてのこと（もの）」に対して、恐怖心を抱く生き物です。

今、私たちがおいしく食しているサザエも、「サザエ＝おいしい」という情報（知識）を持っているからこそ、おいしく食べられるのです。

では、人類で初めてサザエを食べた人は、生まれてはじめてサザエを見たとき、どのように感じたと思いますか？

「おいしそう」と感じた人は皆無でしょう。なかには、「毒が入っているのでは？」と感じる人がいたかもしれません。

つまり、**初めてのこと（もの）＝知らないこと（もの）＝怖い**と感じるのが人間なのです。

これは、人や店の場合でも同じです。

一度も話したことのない他人に対しては、「怖い人なのでは？」と感じるかもしれません。

一度も入ったことのない店に対しては、「価格が高いのでは？」、「怖い店員がいるのでは？」と感じるかもしれません。

実際はそうではないかもしれないけれど、「怖い店員がいない」ということを知らないから怖いのです。

そこに「恐怖」を感じるのが人間、ということです。

ですから、あなたの店のことを「知らない」消費者に対する広告の反応率は低く、あなたの店のことを「知っている」既存客に対する広告の反応が高くなるのは当然なのです。新聞折込チラシとＤＭの反応の差の要因が、ここにあります。

……つまり、既存客の来店も新規客の来店も、同じ「１人の来店」ですが、断然、新規客獲得のほうが難しくてお金がかかるということです。

このことを、繁盛店経営者は知っているのです。

同じ売上げを上げるために、なぜわざわざ**「いばらの道」**を歩む必要があるのか？

同じ売上げを上げるのであれば、新規客よりも既存客を再来店させたほうが**断然ラク**であることを知っているのです。

だから、繁盛店の多くが新規客以上に既存客を優遇しています。

もちろん、既存客が半永久的に来店してくれる保障はどこにもないため、当然新規客獲得にも注力する必要はありますが、それ以上に既存客の優遇に力を入れているということです。

「新規客獲得」という行為は、刺激的で満足感を感じます。

しかし、仕事はギャンブルではありません。

いつもご来店いただくお客様は、あなたの店の味や技術を知っています。あなたの熱意やスタッフの笑顔、トイレの位置まで知っているのが既存客です。

そんな、最も大切にすべき相手を無視してまで、まだあなたは新規客獲得に力を注ぎますか？

誰よりも多くのお金を支払ってくれたお客様に対して、より多くの感謝を提示するのが自然な行為ではないでしょうか？

また、既存客はそもそもあなたの店のファンなので、「割引」などを要求することもありません。

つまり、**より少ない経費で来店してくれ、より多くの利益を残してくれるのが既存客なのです**。これほど、ありがたい存在はありません。

まずは、「釣った魚に餌をやらない」というおかしな考え方を変えましょう。

わざわざ「いばらの道」を歩む必要はありません。ライバル店よりも楽な方法で、より効率的に売上げを伸ばしていきましょう。それこそが、「商売繁盛」の起点となるのです。

2
販売促進の「正しい順序」

漫才・恋愛・商売に共通する3段階必勝法

漫才、コント、落語……テレビで「お笑い」を見ていると、いつも感じることがあります。それは、「彼ら（芸人）は常軌を逸した努力家であり、天才である」ということです。

現在、テレビなどで活躍している芸人の多くが、5～10年以上の下積み生活を経験しています。

5～10年……それは、想像を絶する長い期間です。

売れる保証はどこにもない実力主義の世界で、ただひたすらに自分の技量を磨き続けるのです。

さらにテレビや舞台上では、数分間にもおよぶネタを速射砲のような勢いで披露しなければなりません。今活躍している彼らが、常軌を逸した努力家であり、天才的な才能を持つエリート集団たる所以がここにあります。

ところで、世の流行は経済動向を反映すると言われますが、景気が悪い時期、つまり不況期には「お笑い」などの明るいもの（こと）が流行るそうです。家庭を見ても社会を見渡しても、暗い世の中だからこそ、人々は明るい光を求めるのでしょう。

逆に、経済動向が順調なときには、暗い映画やシリアスなドラマ、書籍がヒットするそうです。日々の生活が順調だからこそ、心に余裕があるのかもしれません。
では、この非常にシンプルな消費者心理を、店舗経営に活かすことはできないものでしょうか？

不景気と言われるこの時代において、人々が求める店舗像とはどのようなものか？　それは**明るい店**です。

人々を惹きつけてやまない明るい店主。
笑顔が魅力的な明るいスタッフ。
張りのあるかけ声や、明るい笑い声が聞こえてくる店内。
照明などを活用して、物理的な明るさを演出している店。
家庭や社会で疲弊している現代人は、そんな「明るい店」を求めているのです。

ところで、あなたはなぜ外食をするのでしょうか？
（家庭でも食事はできるのに）
あなたはなぜ、美容室に行くのですか？
（技術では劣るけれど、家庭でも髪を切ることはできるのに）

その答えは、**「非日常」を体験したいから。**

家庭で食事はできるけど、店に行けばプロの料理を味わえるし食後の皿洗いも不要です。

家庭でも髪を切ることはできるけど、プロの技術はあなたをより魅力的に変身させてくれるし、癒しサービスも体験できます。

つまり消費者は、**家庭（＝日常）では体験できないもの（＝非日常）**を求めて店に向かうのです。

その段階での消費者の心理は、

「今日は、どんなおいしいものを食べることができるのだろう？」

「今日は、どんなサービスで癒してくれるのだろう？」

という**ドキドキワクワク感（＝期待感）でいっぱい**です。

それなのに、向かった店が暗かったらどうでしょうか？

多くの消費者が、「期待外れ」と感じるのは間違いありません。

「でもね。これだけ店の売上げが悪いと、どうしても笑顔になれないものだよ」と感じたあなた。まずは、根本的な考え方を逆転させてください。

「売上げが上がる→笑顔になる」では、いつまでたっても店の景気は悪いままです。

正しい順序は、**「笑顔になる→売上げが上がる」**です。

つまり、店舗経営者であるあなたが、お客様に対して「先」に笑顔を提供する必要があるのです。**あなたが「先」で、お客様が「後」**。

これは、顧客情報の収集においても当てはまる基本原則です。

くわしくは後述しますが、お客様の情報を知りたいと望むなら、まずはあなたの情報を先に発信する必要があります。

ちなみに、あなたの周囲に明るい友達はいませんか？

明るい友達の周りには、いつも多くの人が集まっているはずです。ではなぜ、明るい人の周りには人が集まるのかと言うと、その答えはその人が**明るいから**です。

昆虫や植物も同じです。彼らは常に、蛍光灯や太陽の光を求めて生きています。

人間も同じ生物ですから、明るいもの・光り輝く人の元に集まるのは自然の摂理なのです。

そこで、まずは「明るい店」を実現するための方法を考えてみてください。

先にも話したように、「明るい店」を実現するための方法はたくさんあります。

店主の笑顔、張りのある声、スタッフの笑顔、ＢＧＭ、店内外の照明、内外装……。若いスタッフから意見を聞くと、予想外のアイデアが出てくるかもしれません。

明るい店を実現するための会議ですから、ポテトチップスとコーラなどを飲食しながら、明るい会議を開いて意見交換をしてみてください。

話を「お笑い」に戻します。

5〜10年以上の下積み生活の中で、若手芸人は何を学ぶのかと言うと、実は**「人々が笑う法則」**を徹底的に学んでいるのです。その代表的な法則を、ひとつご紹介します。

①あるある　②ありそうありそう　③なしなし

これは漫才の基本的な法則で、話の流れを①〜③の順序で展開するというものです。

まず、「そういうことってあるよね〜」と感じられるネタでスタートします。

つまり「あるある」。

ここで視聴者に「共感」を抱かせることで、一気にお笑いの世界に引き込みます。

次にネタを膨らませます。

「ありそう！　ありそう！」と感じられるネタへと展開することで、さらに視聴者を惹きつけます（この段階で視聴者は、「笑う準備」をはじめます）。

そして最後に、「それはないだろ〜！」というオチで大爆笑。つまり、「なしなし」。

漫才のストーリーはこの順序で展開していくから、人々は笑ってしまうのです（ちなみに、いきなり最初から「なしなし」でスタートする漫才はまったく笑えないそうです）。

今後、テレビなどで漫才を見る場合は、ぜひ意識して見てください。

コントなどはこの法則に適っていませんが、漫才はほとんど「3つの流れ」で展開していることをご理解いただけると思います。

これこそが「笑い」の法則であり、人々を笑わせるための「正しい順序」なのです。

そしてお笑い以外にも、世の中には「正しい順序」が数多く存在しています。

たとえば「恋愛」。恋愛における「正しい順序」は、

①出会い　②デート　③告白（プロポーズ）です。

ときどき、いきなり告白する人がいますが、ほとんどの場合、失敗します。その失敗の要因は、恋愛を「正しい順序」で展開していないからです。出会った翌日に「結婚してくださ い」と言われても、相手はOKすることはできません。

相手の心理状態としては、「もっと、お互いのことを知り合いたい」と思っているはずだからです。

このように、物事にはすべて**「正しい順序」**が存在しています。

無理なく、物事がスムーズに展開していく流れ　それこそが「正しい順序」です。

そして、実は「販売促進」においても「正しい順序」が存在します。

あなたがめざす繁盛店に直結する、最もスムーズな流れ。それは……

①新規客獲得
②固定客化
③ファン客化

言うまでもありませんが、「新規客」とはあなたの店に初めて来店するお客様のことです。「固定客」は、定期的に来店してくれるお客様。「ファン客」は、来店頻度や購入金額が飛び抜けている、信者的なお客様を指します。

本書の核とも言えるこの3つの流れを、まずはしっかりと覚えてください。無意識に読み進めるのではなく、あなたの店の現実の新規客・固定客・ファン客の姿を思い浮かべながら認識するようにしてください。

この3つの流れこそが、**繁盛店づくりの法則**であり、最もスムーズな流れなのです。本書では、この3つの流れを「販促の3段階必勝法」と名づけて説明をしていきます。

物事はシンプルに考えよう

世の中には、多くの専門家がいます。

販売促進の世界においても、飲食店専門のコンサルタントや、小売業だけに特化した専門家など、その業種は多岐にわたります。

そして、彼らが記した文章や資料を見て（読んで）いると、そこにはさまざまな法則が書き綴られています。

前項で私は、**販売促進の正しい流れ＝「販促の3段階必勝法」**と説明しましたが、勉強熱心な方ほど、ある疑問を抱いたのではないでしょうか。

なぜなら、販促専門家の中には、「5段階」や「7段階」で説明する専門家が少なくないからです。

しかし、**物事はなるべくシンプルに考えるようにしてください。**

もちろん、「販促の3段階必勝法」をさらに深い部分まで突き詰めていくと、「5段階」や「7段階」に細分化されていきます。それを唱える専門家たちは、間違いなく正しい理論を説いているのですが、あなたがすべきことは「情報の収集」ではなく「実践」です。

たとえば、小学校高学年になると分数の割り算を習いますが、小学1年生にいきなり分数の割り算を教えたとしても、とうてい理解することはできません。まずは、足し算や引き算を習い、次にかけ算と割り算、そして分数を理解させ、分数の足し算・引き算・かけ算・割り算へと進んでいきます。

まずは、シンプルな計算式を理解し、徐々に理解を深めていく流れです。

販売促進も同じです。

まずは、シンプルに「3段階」で理解・実践し、あなたのスキルアップとともに「5段階」や「7段階」に進化させていけばいいのです。

これは、販売促進に限った話ではありません。

店や会社を経営していると、実にさまざまな問題が生じてきます。お金のこと、スタッフのモチベーション、人間関係、家庭との調和など。それらの問題は、あなたの足元に一気に押し寄せてくるため、つい混乱してしまいます。

でも、一つひとつの問題点をじっくり冷静に見つめてみると、実はたいした問題ではない場合がほとんどです。

一つひとつの問題はシンプルなのに、一気に押し寄せてくるから難しく感じるだけなのです。そもそも、人が感じる悩みなんて、そのほとんどがたいしたことではありません。

人にとって、本当に深刻な問題は「死」のみ。

あなたが今呼吸し健康的に食事をしているのなら、それだけで最高の人生ということです。


まずは、シンプルな部分から取り組む癖をつけましょう。

シンプルなことは複雑ではありませんから、比較的スムーズにクリアすることができます。

小さな課題を複数クリアしていくことで、やがて小さな自信が芽生えてきます。


そうなれば善循環。

その後、取り組む難易度を少しずつ上げていくことで、あなたのスキルは確実に上がっていくことでしょう。

そして、本書では「販促の3段階必勝法」について、より具体的に解説していきます。

まずは、販促の原理原則を完全に理解してください。


物事はシンプルに考える。

これは、多くの成功した経営者が身につけている人生訓でもあります。

新規客獲得・固定客化・ファン客化――それぞれの目的

では、いよいよ本題に入っていきます。

まず、「販促の3段階必勝法」のそれぞれの内容についてご説明します。

新規客獲得

あなたの店に来店経験のない人を獲得すること。

代表的な販促ツールとして、新聞折込チラシやチラシポスティング、フリーペーパー広告などの「マス広告」を利用して、来店（購入）を促進します。

固定客化

あなたの店に来店したお客様に対して、定期的な接触を図って固定化していく段階。

代表的な販促ツールとして、ニュースレターやメルマガなどの「コミュニケーションツール」を利用して、定期アプローチしていきます。

ファン客化

定期的に来店してくれるようになったお客様に対して、より濃度の高い接触を図ることで、あなたやあなたの店のファンになってもらう、販売促進の最後の仕上げ部分となります。手書きハガキや個人宛のメール、サプライズ企画など、その方法は多岐にわたります。

先にもお話ししましたが、「販促活動＝新規客獲得」だけではありません。もちろん、新規客獲得は販促活動の重要な起点となるため、全力で取り組む必要がありますが、固定客化・ファン客化を促進する活動も、新規客獲得と同レベルで重視する必要があるということです。

では次に、「販促の3段階必勝法」のそれぞれの**目的**についてご説明します。

規客獲得……「認知」と「リスト収集」
固定客化……「接触」
ファン客化……「個人接触」

これらを、わかりやすくまとめると以下のようになります。

まず、新聞折込チラシやチラシポスティング、フリーペーパー広告などのマス広告を利用して、あなたの店（や商品）を**認知**してもらい、来店（購入）時にお客様の個人情報（名前や住所、メールアドレスなど）を聞き出し（＝**リスト収集**）、その後ニュースレターやメルマガなどのコミュニケーションツールを使って、さまざまな情報を定期的にお届け（＝**接触**）していくことで「信頼関係の土台」を築き、最後の仕上げとして**個人接触**を仕掛ける、という流れです。

なかでも、「個人接触」は少し聞きなれない言葉だと思いますが、読んで字のごとく、お客様一人ひとり、つまり個人に接触する行為を指します。

新規客獲得・固定客化で行なう販促活動、つまりチラシやニュースレターなどは、すべて**「1対多」**（あなた1人に対して複数のお客様に同一の情報を届ける）の図式となりますが、ファン客化における販促活動（＝個人接触）は**「1対1」**（1人のお客様に対してアプローチする）という図式となります。

本書では、これらの意味をこめて「個人接触」と呼びます。

ここで、ひとつ大切なお話をします。

「販促の3段階必勝法」の、それぞれの目的を見るとご理解いただけると思いますが、**いずれも「売る」要素は入っていません。**

店を構えて商売をしている以上、あなたには売上げを上げる必要性（責任）がありますが、**販促活動は「売り込む行為」ではありません。**

なぜなら、**買うか買わないかは、お客様が決めることだからです。**

「買うか買わないか」という最後の決断は、100％お客様が行なう（決める）行為です。その場面で、あなたがいくら泣き叫んだとしても、あなたには1％の権利も生じません。ここを勘違いしてはいけません。

いろいろな広告を眺めていると、「今買わないと損！」などといった過激なフレーズが並んでいますが、いくら小手先のテクニックを駆使したとしても、「買うか買わないか」の権利は100％お客様だけが有している特権ということです。

「今買わないと損！」というキャッチコピーが悪いというわけではありません。広告にどのような言葉を並べても、購入を決断するかしないかの権利は、お客様しか持っていないということです。

たまに、高齢者を公民館などに集め、宗教的な暗示テクニックで集団購入を促すビジネスがありますが、そんなビジネスは長続きしないし、そんなビジネスに幸せややりがいを感じることはありません。

あなたがすべきことは、あなたのビジネスを通して、地域住民やあなたの顧客の生活を豊かにすることです。

であれば、そもそも「売り込む行為」「売りつける行為」が、いかに不自然かをご理解いただけるのではないでしょうか。

では、販促活動……とくに新規客獲得活動の場面では何をすればいいのかと言うと、あなたの店や商品・サービスに関する情報をお知らせし、**認知**してもらえばいいのです。

つまり、**知ってもらうこと**です。

その際、「先着10名様に〇〇プレゼント」などの限定要素や、チラシにクーポン券をつけることで反応率を高めるなどの工夫、より魅力的な文章や写真を載せる努力などはするべきでしょう。情報過多の現代において、工夫のない広告では期待する効果を得ることはできないからです。

ただ、販促活動の基本的な考え方は、「お知らせすること」「認知してもらうこと」です。

キャッチコピーひとつを熟考し、十二分に魅力的な商品を揃え、お客様が喜ぶ来店プレゼントを準備したうえで、**「さあ、決めるのはあなたですよ！」**と手を広げるのです。

そんな、魅力的で余裕を感じさせる広告を手にした消費者は、自然にあなたの店を選ぶようになるはずです。

恋愛も同じです。

「お願いですから、今日から僕の彼女になってくれませんか？」としつこく迫る男性の多くはモテませんが、「今は、誰ともつき合いたくないんだ」と余裕たっぷりの男性のまわりには、いつも女性が群がります。

商売も同じです。

「俺の店では、1日10食しか作らねえ！」という頑固親父の店には長蛇の列が並び、寒い店先で懸命に呼び込みをしている店ほど、閑古鳥が鳴いています。

「買ってください広告」にはどこか悲壮感が漂い、そもそもあまり売れていない店という印象を与えますが、「こだわりの商品を揃えました。買う・買わないはあなたの自由です」と構えられるとそれが魅力となり、消費者にとってさらに購買意欲が高まっていくのです。

悔しいけれど、これが現実（世の道理）だから仕方がありません。

お客様との信頼関係を絶対的なものにする方法

お客様の誕生日に、花束を贈る販促策を導入している美容室があります。

誕生日に花束……決して珍しい施策ではありませんが、実際にこれを実施している店はほとんどありません。それだけに、お客様は驚き、感動するそうです。

その結果、店は大繁盛しています。

ちなみにあなたは、あなたがいつも利用している店から花束をもらったことはありますか？ きっと、ほとんどの方がそのような経験はないでしょう。

つまり、**知っているけど実践しない人（店）が圧倒的に多い**ということです。

長年広告の仕事をしていると、「何かいい販促策はありませんか？」という相談を受けることがあります。

そこで私は、さまざまなアドバイスをするのですが、多くの経営者が実践にまで至りません。

なぜかとたずねると、「その方法は知っているから」と答えます。でも、これって本当におかしな話です。

「知っているから実践しない」では、何のための勉強でしょうか？

私は、いい加減なアドバイスをすることはありません。実際、過去にその方法で成功した事実（事例）をもとに話をするので、成功する確率は高いはずです。

でも、**知っているから実践しない人ばかり。**

繰り返しますが、あなたがすべきことは「情報の収集」ではなく、「実践」です。実践することで成功が生まれ、あなたやあなたの店がスキルアップしていくのです。

商売繁盛……つまり「成功」の可能性を上げるためには、「実践」を積み重ねることこそが、唯一で最善の方法であることを認識してください。

「誕生日に花束」の話に戻します。実は、この感動的な施策には、大切な「あるルール」が存在します。

その大切なルールとは、**お客様の選定**です。

すべてのお客様に平等に贈るのではなく、ある程度の来店期間を有する固定客に絞って実施するようにしています。

たとえば、ある年の４月１日に初来店した新規客の誕生日が４月２日だった場合、来店翌日に花束を贈ることはありません。そのお客様が1年間来店し続けた場合、翌年の4月2日に、初めて花束を贈るようにルール化しています。

なぜ、そのようなルールを設けたのかと言うと、**新規のお客様が、まだ固定化されていないから**です。

仮にあなたの自宅に、初めて行った店から（来店翌日に）豪華な花束が届いたとしたらどうでしょうか？　何だか怖い印象を受けるのではないでしょうか？　「花束の奥に請求書が入っているのでは？」と感じるかもしれません。

また、初来店の清算時、「今日から、あなたはＶＩＰ会員です」と言われたらどうですか？「何だか嘘くさい」と感じるのではないでしょうか？

……では、なぜお客様はそのように感じると思いますか？

ここで話している「花束プレゼント企画」は、「販促の3段階必勝法」の「ファン客化」、つまり**個人接触**にあたります。

実は、この個人接触には注意すべきポイントがあります。

それは、**熟成期間**です。

初来店翌日に花束が届いたら「怖い」と感じますが、ある程度の熟成期間を経たうえで花束が届いたら「感動」します。行為自体は同じでも、結果は180度異なってきます。

先に、恋愛の「正しい順番」は、

①出会い　②デート　③告白（プロポーズ）

と説明しましたが、恋愛での熟成期間は「②デート」です。

デートを繰り返し、お互いの関係が熟成されたうえで「③告白（プロポーズ）」をするから、相手が受け入れてくれるし感動するのです。

販促活動も同じです。

「接触」を目的とする固定客化活動を行なわないままに個人接触を仕掛けても、大きな効果は期待できません。

ニュースレターやメルマガなどのコミュニケーションツールで、あなたの人間性や仕事に対するこだわりなどのさまざまな情報をお届けすることで、お客様が少しずつあなたのことを知り、理解してくれるようになるのです。

また、知れば自然と会話が生まれます。会話が生まれると、今度はあなたがお客様のことを知ることができます。**この繰り返しが熟成期間です。**

単なる「売る人」と「買う人」ではない、特別な関係。両者の間に、ほのかな信頼関係が芽生えるイメージです。

そして、その後「ほのかな信頼関係」を**絶対的**なものにするために行なう施策こそが、個人接触なのです。

では、熟成期間に必要な「期間」「会う回数」に基準値はあるのかと言うと、とくに決まりはありません。

お客様によっては、短期間で濃密な信頼関係を築くことができるかもしれないし、なかなか信頼関係を構築できないお客様もいることでしょう。また、商品購入スパンやあなたの性格によっても熟成期間は伸縮します。

ですから、熟成期間に必要な「期間」「会う回数」は、あなたの感覚で自由に決めてください。

「半年間ほど来店していただければ、十分に個人接触できる」と感じることができれば、「半年」と設定すればいいし、「3回来店していただければ、十分に個人接触できる」と自信を持って感じることができれば「3回」と設定すればいいのです。

大切なことは、あなたの店における熟成期間をしっかり設定し、「販促の3段階必勝法」を、ひとつの流れとして**仕組み化**することです。

もちろん、初来店直後に送る手書きハガキなどは、熟成期間を待つ必要はありません。くわしくは後述しますが、本書でいう個人接触は、相手の感情を動かす**感動施策**です。初来店直後に送る手書きハガキは（感動施策ではなく）単なる挨拶状なので、それぞれ最適なタイミングで行なうようにしてください。

このように、個人接触にはさまざまなものがあり、そのすべてに熟成期間が必要というわけではありません。

ただ、本書で紹介する「相手の感情を動かす個人接触」には熟成期間が必要であり、熟成期間を経たほうが、より大きな効果を発揮するということです。

また、「販促の3段階必勝法」を、

①新規客獲得……「認知」と「リスト収集」
②固定客化……「接触」
③ファン客化……「個人接触」

と説明しましたが、実はこれらは密接に関係し合っています。

新規客獲得の場面において、なぜあなたの店（や商品）のことを「認知」させるのかと言うと、お客様の個人情報を収集するためです。

ではなぜ、お客様の個人情報を収集するのかというと、その後定期的に「接触」するためです。ではなぜ、定期的に接触しなければならないのかというと、それが熟成期間には必要な行為であり、接触し続けることで「個人接触」の効果を最大化できるからです。

このように、「販促の3段階必勝法」は、すべての行為が**その後に行なう活動**のために必要不可欠なものであり、それぞれが密接に関わり合っているのです。

だからこそ、誕生日に花束を贈る美容室では、ある程度の来店期間を有する固定客に絞って施策を実施することでお客様を感動させ、人気店となっていきました。

モテない店の結末

繰り返しますが、世の中の事象にはすべて「正しい順序」が存在します。無理なく、物事がスムーズに展開していく流れ、それこそが「正しい順序」です。

繁盛していない店、つまり**モテない店**の多くが**点の活動**を行なっています。

あるセミナーで、「ニュースレターが効果的！」と聞くとニュースレターを導入し、ある書籍で「折込みよりもポスティングが効果的！」と知るとチラシポスティングを実施する。それぞれの活動を関連づけることなく、点の活動ばかりを行なっているから、思ったような効果が得られない。これは当然の結果なのです。

また最近、**「フリーペーパー広告依存店」**が増えています。

フリーペーパーに広告を載せると、ある程度の集客が実現します。

その多くが割引価格ですが、いちおう売上げは上がるため、経営者は満足します。

また、客数が増えると人手が足りなくなるため新しいスタッフを導入し、さらなる売上げの拡大を狙います。

スタッフ数が増えると、当然のことながら今まで以上の売上げが必要となります。そこで行き着くのが、フリーペーパー広告枠の拡大です。大きな枠で告知すると、より多くの新規客が来店してくれるからです。

その結果、再び人員増強。そして、フリーペーパー広告枠のさらなる拡大……しかし、ある日、経営者は気づきます。**ほとんど、利益が残っていない**ことに。

これは、「点の活動」の最たる例ですが、目先の売上げづくりだけに注力していると、このような悪循環に陥ってしまいます。

一方、繁盛店は一人ひとりのお客様とじっくり接触し、熟成期間を経たうえで個人接触を仕掛け、その関係を**絶対的**なものにしていきます。

先にも説明しましたが、既存客は割引などを要求しませんから、店には十分な利益が残るし、お互いに信頼関係が生まれた間柄ですから、店のスタッフもお客様も満足感を感じることができ、店主やスタッフたちの仕事に対するモチベーションが上がっていき、より上質なサービスを提供しようと励みます。その結果、さらに多くの優良客が押し寄せることになります。

モテない店とは、まったく異なる好循環経営です。

その要因は、すべて「正しい順序」を理解しているかどうか、にかかっているのです。

それでは、いよいよ次章から「販促の3段階必勝法」のそれぞれの具体的な方法論を説明していきます。

不景気においても繁盛店を実現させる必勝法を、じっくりとお読みください。

3

新規客獲得
～10の仕掛けで集客しよう

今、広告が危ない！

私は20年来、「広告」の世界で生きてきました。バブル経済がはじけた直後に社会人生活をスタートさせましたが、まだその頃は好景気の余韻が残っており、何かしら広告を打てば、ある程度の反応を得ることができました。

今あの頃を振り返ると、とてもいい時代だったことを実感できます。

やがて、時代は少しずつ翳りを見せはじめ、あらゆる業界において「商売の歯車」に狂いが生じるようになりました。

以前は、当たり前のように反応してくれていた広告が、その威力を弱めていったのです。なかでも「マス広告」の反応率は著しく低下していきました。

「販促の3段階必勝法」の第1ステップとなる「新規客獲得」では、マス広告を活用する場面が多いため、新規客獲得を深い部分で理解していただくためにも、まずは**「なぜ、マス広告の反応が低下しているのか？」**についてご説明していきます。

ご存じの通り、今の日本は「高度情報社会」です。狭い国土の中に多くの人口が密集していて、商売をするうえでは好条件の国と言えます。

たとえば、ロシアのように国土が広くて人口が分散している国では、新聞折込チラシという手法は生まれません（マス広告の代表格である新聞折込チラシは日本特有の広告手法）。

同様に、国土の広いアメリカでは古くから通販（通信販売）が盛んですが、その理由も同じです。国土が広い＝店と自宅の距離が遠いため、なかなか店に出向くことができない消費者が、通信で商品を購入できる販売方法を支持したのです。

一方、日本は狭い国土の中に多くの人や店が集中しているため、一極集中的な販売・告知活動が可能となります。つまり、日本という国は、商売をするうえで非常に恵まれているということです。

また、国土が狭いことには別のメリットもあります。

道路整備に多額のお金がかからないため、人々の行き来が盛んになるし、国土が広範でないから、郵便や宅配便などの輸送が発達します。つまり、スムーズに情報が流れ、どんどん流通が発達していくということです。日本が、高い文化レベルにある最大の要因がここにあります。

さらに90年代。インターネットの出現により、その情報量は倍増します。広告を含め、さまざまな情報が倍増しました。一説によると、現代の日本人は、江戸時代に生きていた人々の一生分の情報量を、1日で受け取っているそうです。

一方、日本にはもうひとつの社会現象も生まれています。

それは、少子高齢社会の到来。若い世代が減り、高齢者が増えていく社会です。**若い世代＝働く世代＝商品・サービスを購入するメイン層**

経済の中核となる若い世代が減っているため、当然「買う人」が減っていくことになります。そうなると、企業や店の売上げが下がっていきます。

売上げが下がると会社の台所事情が苦しくなるため、社員数を減らす必要があります。俗に言う、リストラや派遣切りです。

その結果、さらに「買う人」が減っていくことになります。

つまり、**今の日本は「買う人」が減り続けているのに、広告などの情報だけが増え続けているのです。**

新聞折込チラシやテレビCMなどのマス広告の反応が下がるのは、当然のことなのです。

このように、わが国の経済環境はここ数十年で明らかに変化しました。つい数十年前まで通用していた広告手法が、今の時代では通用しなくなったということです。

ですから、昔の成功体験や過去の感覚をもとに、安易に広告を打つことはやめるべきです。

まずは、**時代が変わった**ということをしっかりと認識し、**これからの時代**に適した仕組みを構築していくことが重要です。

新時代に適した仕組み……それこそが、「販促の3段階必勝法」ですが、人とのコミュニケーションを最重要視する「販促の3段階必勝法」は、時代を問わず通用する普遍の成功法則とも言えるのです。

小さな店の正しい仕掛け

しかし、店を経営している以上、商品やサービスについて告知しなければ、今以上の売上げを上げることはできません。

先ほど、マス広告は危険と言いましたが、マス広告を完全否定しているわけではありません。まだ、あなたの店に来店経験のない消費者（地域住民）に、あなたの店の存在を認知させるためには、やはり新聞折込チラシなどのマス広告は有効な手法となります。

説明が矛盾しているようですが、私が言いたいことは、安易に広告を実施するのではなく、一つひとつの広告の目的を明確にし、それぞれの広告を連動させていくことで、**商売繁盛を実現するための「たしかな流れ」を作ることが重要である、ということです。**さらに、新規客獲得において重要なことは、**集客に導く「種」を数多く蒔くこと**です。

ただ、新規客獲得は本書のメインテーマではないので、新規客を獲得するための具体的な方法については詳述しませんが、新規客を獲得するための広告を実施するうえで非常に大切な**考え方**についてご説明します。

それは、**「10の仕掛け」を用意すること**です。

ときどき、「崖から飛び降りる覚悟で新聞折込チラシを実施します！」と、店の利益のすべてを注ぎ込んで最終決戦に挑む経営者がいますが、確実性のないものにすべてを注ぎ込むという行為は、ギャンブルと同じですから避けるべきです。

また、一発逆転を狙って有名デザイナーに高額なデザイン費用を支払ってチラシを作ることも、たいした意味はありません。

新規客を獲得するためのさまざまな方法

新聞折込チラシ	チラシポスティング
ホームページ	メールマガジン
ブログ	ミクシィ
ツイッター	フリーペーパー広告
紹　介	看　板
テレビCM	ラジオ広告
ポータルサイト	クーポンサイト
新聞広告	雑誌広告
タウンページ広告	交通広告
宣伝カー	インターネット広告
展示会	電柱広告
駅貼りポスター	街頭チラシ配布
プレスリリース	クチコミ施策

など、新規客集客の手法は多岐にわたります

一発逆転の広告……そんな魔法のような方法は存在しないし、そのような不確かなものに夢を抱いてはいけません。

では、どうすればいいのか、と言うと、小さな店であればあるほど「小さな仕掛け」を**複数用意すること**をおすすめします。ひとつの広告にすべてを依存するのではなく、複数の仕掛けから、少しずつ集客するという考え方です。

できれば、10個以上の「新規客獲得の仕掛け」を用意するようにしてください。

その効果が、より具体的に実感できるようになっていきます。

前ページに記した新規客獲得法（広告）は一部であり、時代とともに新しい手法が次々に生まれています。

とくに、インターネットの世界では広告の変化が激しいため、情報洪水に飲み込まれないように注意してください。

大切なことは、**あなたの店に合った広告（手法）を見つけ出すこと**です。

たとえば、あなたの店が都心部にあってメイン客層が若年層であれば、インターネット広告が有効かもしれないし、あなたの店が高齢者の多い田舎町にあるなら、看板を工夫することで、より多くの集客ができるかもしれません。

よく、「知人の店で、実際に効果が出たから」などの理由で広告手法を選ぶ経営者がいますが、それはあくまでも知人の店で成功した方法にすぎません。

知人の店で成功したからといって、あなたの店でも100パーセント成功するとは限りません。店の規模や客層などが異なれば、当然「結果」も異なってきます。

もちろん、成功する可能性もありますが、大切なことは、あなたの店に合った広告を見つけ出し、確立することです。

具体的な方法としては、**あなたの店の方向性や商品の特性、店の立地、客層、地域住人の属性**などを徹底的に分析するようにしてください。

より費用対効果の高い（であろう）広告を見つけ出すことは、それほど難しいことではありません。

つまり、広告そのものに目を向けるのではなく、数多い広告の中からあなたの店に合った広告手法を見つけ出すことが重要なのです。

その際、大切な指針（判断基準）があるのでご紹介します。

その指針とは、**広告は、大きく分けて2種類のものが存在する**ということです。

それは、**「継続集客ツール」**と**「短期集客ツール」**の2つです。


「継続集客ツール」とは、読んで字のごとく、**継続的に集客を実現する広告ツール**を意味します。代表的なものとして、ホームページやブログ・看板・宣伝カーなどがあります。

ある程度の初期費用はかかりますが、一度作ってしまえば、その後長期にわたって無料（または低コスト）で集客を実現してくれるツールのことです。


一方、「短期集客ツール」は、こちらも読んで字のごとく、**短期的に集客を実現する広告ツール**を意味します。代表的なものとして、新聞折込チラシやフリーペーパー広告・テレビCM・ラジオ広告などがあります。

一般的に、新聞折込チラシの反応は折込日から3日間程度、フリーペーパー広告の反応は、そのフリーペーパーが配布されている期間からしか得られません。

一時的ではありますが、短期に高い反応を示すのが短期集客ツールです。


そして大切なことは、継続集客ツールと短期集客ツールの2種類の存在を理解し、**バランスよく導入していくこと**です。

短期集客ツールのほうが高い反応を示す（短期ではあるが）ため、つい優先しがちですが、それではいつまで経っても店の武器は増えません。

中長期的に店を経営していくのであれば、短期集客ツールで直近の売上げを作りながら、少しずつ継続集客ツールを充実させていくことで集客の仕掛けを増やし、余裕ある経営を実現していってください。

では、継続集客ツール・短期集客ツールそれぞれが、集客面においてどのような効果を示すのかと言うと、まずは次ページをご覧ください。

たとえば、毎月15万円かけて新聞折込チラシを実施し、毎月30人の新規客を獲得したとします。

1月に30人、2月も30人、3月も30人と、最終的に6ヶ月間で90万円かけて180人の新規客を獲得しました。

しかし、新聞折込チラシは短期集客ツールであるため、その反応は一時的です。広告をストップしたとたんに、集客も止まります。

一方、毎月15万円かけて1箇所ずつ看板を増やしていったらどうでしょうか？　継続集客

短期集客ツール

		（経費）	（客数）
1月	広告A	15万円	30人
2月	広告B	15万円	30人
3月	広告C	15万円	30人
4月	広告D	15万円	30人
5月	広告E	15万円	30人
6月	広告F	15万円	30人
7月			**0人**
8月			**0人**
9月			**0人**

（経費合計）90万円

「短期集客ツール」は、明日（今月）の売上げを作る効果がある

「短期集客ツール」は、広告をストップしたとたんに、集客効果も止まる。

継続集客ツール

		（経費）	（客数）
1月	広告a	15万円	5人
2月	広告b	15万円	10人
3月	広告c	15万円	15人
4月	広告d	15万円	20人
5月	広告e	15万円	25人
6月	広告f	15万円	30人
7月			**30人**
8月			**30人**
9月			**30人**

（経費合計）90万円

「継続集客ツール」は、店の武器を増やしていく効果がある

「継続集客ツール」は、広告をストップしても、その効果が持続する

ツールである看板は高い反応を示すことはないため、ひとつの看板から毎月5人程度しか集客できないかもしれません。

しかし、その効果は次月以降も継続するため、翌月2つ目の看板を設置した際には、ひとつ目の看板の効果が加算されます。

その結果、2ヶ月目には10人の集客が実現することになります。

さらに翌々月、3つ目の看板を設置して15人。4つ目の看板設置で毎月20人の集客……と、その効果が積み上がっていくようになります。

その結果、看板設置を止めた7ヶ月目以降も、毎月30人の集客が継続していくことになります。

つまり、短期集客ツールは明日（または今月）の売上げを作り、継続集客ツールは継続的な集客が実現する＝店の武器がどんどん増えていくことを意味します。

この2つは、狩猟民族と農耕民族に似たイメージです。

狩猟民族は、毎日獲物を獲らなければ生きていくことはできませんが、農耕民族は1～2日休んだとしても、野菜や米が育っていくため、飢え死にすることはありません。

だから、短期集客ツールが×で継続集客ツールが◯、ということではありません。

繰り返しますが、店舗経営をする以上、毎日（毎月）ある程度の売上げを上げる必要があるため、短期集客ツールは重要な手法となります。

また、それ以上に大切なことが、広告には短期集客ツールと継続集客ツールの2種類があることを理解し、それらを計画的にバランスよく導入していくことです。

そして、この視点を持ちながら、あなたの店に合った「新規客獲得の仕掛け」を10個以上用意するようにしてください。

イメージとしては、次ページのような流れです。


ひとつの広告で１００人の集客をするのではなく、10の仕掛けで毎月10人ずつ、合計１００人の集客を実現する。

毎月ひとつの広告に30万円使うのではなく、10の広告に3万円ずつ投入していくという考え方です。


なぜ、「10の仕掛け」をおすすめするのかと言うと、そこにはいくつかの理由があります。

先ほどもご説明しましたが、そもそも今の日本には、爆発的な集客を実現する魔法の広告は存在しません。

ひとつの仕掛けにすべてを依存するのではなく

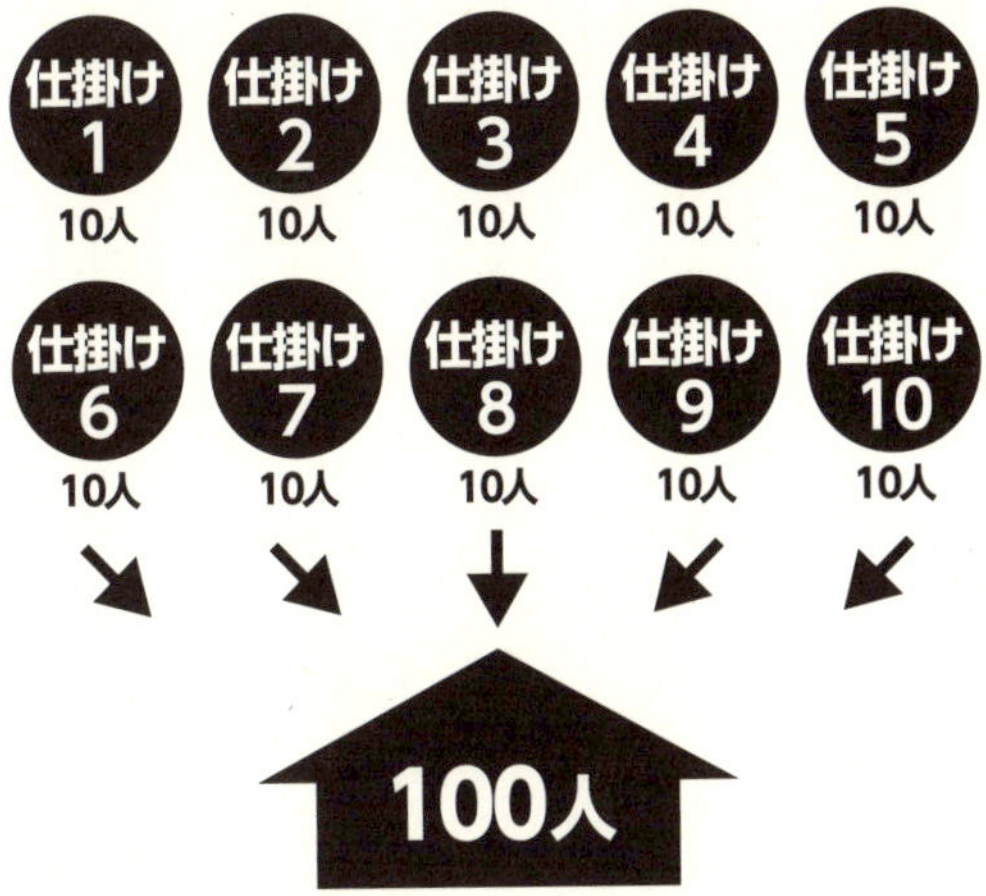

複数の仕掛けから少しずつ集客したほうが
低リスクで、さまざまな可能性が生まれる！

　また、ひとつの仕掛けにすべてを集中させた場合、その仕掛けが失敗したときに致命傷を負うことになりますが、10の仕掛けのうちの1～2つの仕掛けが失敗したとしても、残りの仕掛けが生きているため、致命傷を負うことはありません。

　つまり、それぞれは小さくても複数の仕掛けを用意すればするほど、**経営リスクが軽減されること**を意味します。

　また、複数の仕掛けを同時並行的に実施していると、**予期せぬ出来事**が起こる可能性が高まります。

　弊社がインターネット上で運営する「ニュースレター作成支援サービス」では、サービス開始時、リスティング広告に多くの費用をかけていましたが、情報ページをどんどん追加していくことで、ヤフーやグーグルでの検索順位が上がっていき、リスティング広告をストップしたにもかかわらず、アクセス数は今でも増え続けています。

　つまり、サービス開始時にはある程度の広告経費がかかっていた仕掛けが少しずつ変化していき、予期せぬうれしい出来事が起こったということです。

　仕掛けがひとつならその可能性もひとつですが、10の仕掛けを用意すると、可能性は一気に10倍に跳ね上がります。

ニュースレター作成支援サービス

http://www.newsletter.jp

Yahoo!　「ニュースレター」検索結果　(2011年3月現在)

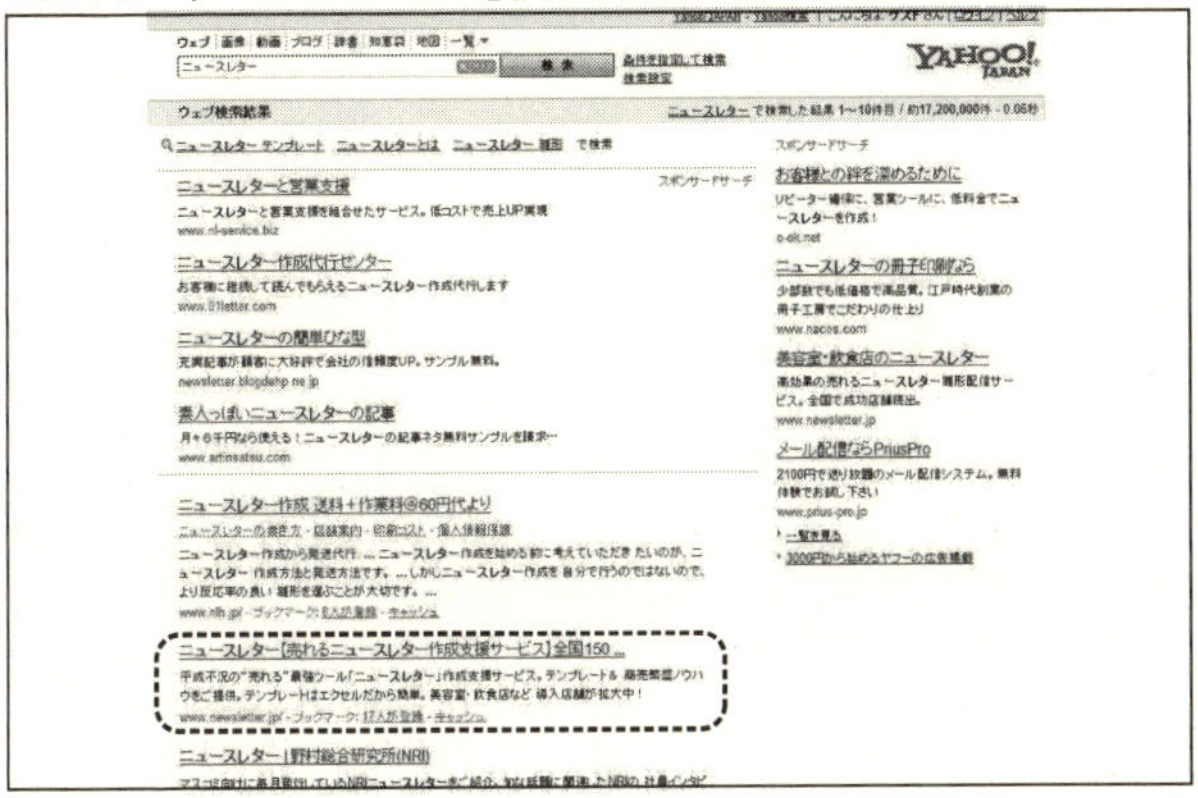

Google　「ニュースレター」検索結果　(2011年3月現在)

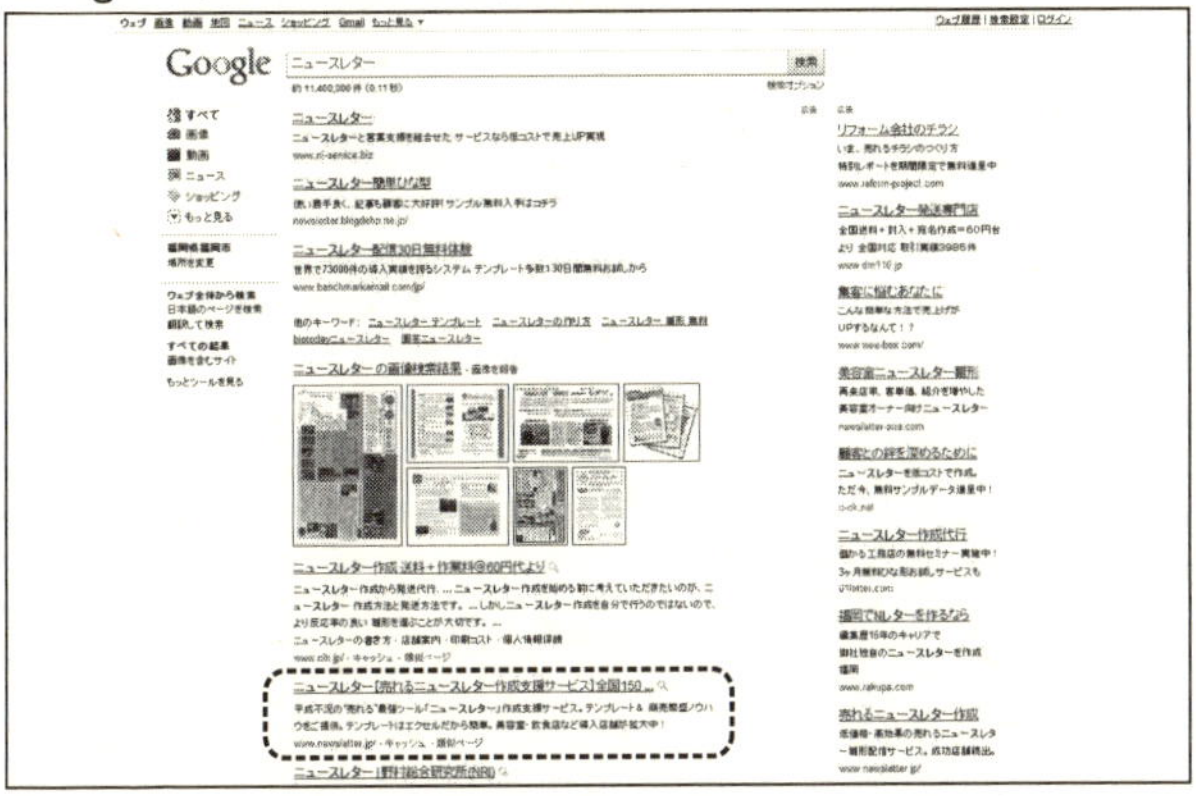

時間の経過とともに検索順位が上がり、広告をストップしたにもかかわらず、今でもアクセス数が増え続けている

また、フリーペーパー広告を出し続けることで、出版社の担当者と仲よくなり、「今後、同じ料金で2倍枠を提供させていただきます」といった、うれしい提案を受けることもあります。

一つひとつは小さな仕掛けでも、それを（ある程度）継続することで、周囲の変化や人づき合いにより、予期せぬ出来事はいくらでも起こるものです。

いかがでしょうか？　たったひとつの仕掛けに依存するよりも、「10の仕掛け」には多くのメリットがあることが理解できたのではないでしょうか。

最も低リスクで、多くの可能性を秘めた「10の仕掛け」こそ、小さな店の正しい仕掛けなのです。

※より低コスト（または無料）で実施できる具体的手法を、前著『「0円販促」を成功させる5つの法則』（同文舘出版）に書き記していますので、興味のある方はご一読ください。

経営者の「進化」こそが商売繁盛の起点

広告は「確率」の問題です。

まったく同じデザインのチラシを同じ部数配布したとしても、配布時期や場所が変わると、結果も異なってきます。

たとえば、とても魅力的な屋外イベントを企画したとしても、開催日に台風が襲ってきたら当然、客足は遠のきます。

そこでおすすめするのが**継続**です。

一発勝負の広告の場合、勝負の日に台風が襲ってきたらそれで終わりですが、ひとつの広告をある程度継続していると、**「台風の日に屋外イベントを開催しても、お客様は来ない」**ということが理解できるようになります。

すると、次からは天気予報を注意深く見るようになります。小さな失敗を経験することで、あなたには「屋外イベントを実施する際は、天気に注意しなければならない」という経験則（知識）が得られるのです。

これが**「進化」**です。

また、毎月新聞折込チラシを実施している場合、その一部をポスティングに切り替えてテストすることで、反応率を上げることができるかもしれません。

とくに、最近の若い消費者は新聞を購読していない割合が高いため、若者向けの商品・サービスを販売している場合、まったく同じチラシでも、ポスティングのほうが効果が倍増することも珍しいことではありません。

これも一発勝負の広告なら、その日の結果がすべてであり、実施後に「もしかすると、折込みよりもポスティングのほうが効果が高かったのでは?」と気づいても手遅れですが、ひとつの広告をある程度継続していると、途中でポスティングの有効性に気づくことができるのです。

これが**「進化」**です。

その他にも、テストする要素はたくさんあります。

キャッチコピーの文面、チラシの紙質、広告を配布するエリアなど、あらゆる部分に意識を向けることで、**広告はいくらでも進化させることができます。**

しかし、それでもなかなかうまくいかない広告もあるでしょう。あらゆる部分に意識を向け、可能な限り進化させていったつもりでも、いつまで経っても反応が悪くて変化も起こらない広告があるかもしれません。

その場合はその広告を削除し、また新たな広告を導入し、少しずつ進化させていくようにしてください。

「Aという広告は×」という経験こそがあなたの「進化」ですから、まったくの無駄ではありません。

詰まるところ、最も大切なことは、**経営者であるあなた自身の進化**なのです。

小さな成功と小さな失敗を繰り返すことで、あなたはどんどん進化していき、失敗する確率が低くなっていきます。

失敗する確率が低くなる＝成功する確率が高くなるですから、当然店は繁盛していくことになります。

「新規客獲得・10の仕掛け」を構築する際は、一時的な結果だけで判断するのではなく、ひとつの方法を最低でも半年以上継続したうえで、取捨選択していくようにしてください。

より強固な「新規客獲得・10の仕掛け」を構築できるようになることは間違いありません。

お客様を楽しませながら情報収集

新規客獲得の仕掛けを導入すると、徐々に新規のお客様が来店しはじめます。仕掛けの目標数は10ですが、導入した広告があなたの店に合っていれば、2～3の仕掛けを導入した時点から、その効果は現われてくるようになるでしょう。

しかし、そこで喜んで、2～3の広告にすべての経費を注ぎ込んではいけません。あせりは禁物です。あくまでも、10の広告から少しずつ集客するというやり方を貫いてください。理由は、先ほどご説明した通りです。

また、「新規客獲得・10の仕掛け」を構築する前に、必ず準備していただきたいことがあります。それは、**「顧客情報」を集めるための仕掛け**です。

たとえば、美容室やエステサロンなどで見られる「お客様情報記入用紙」（カルテ）や、ポイントカードを発行する際に記入していただく専用の用紙などを使う方法があります。

ここが、「販促の3段階必勝法」の肝となるので、業種にかかわらず、必ず顧客情報を収集するようにしてください。

ここで顧客情報を収集できないと、第2ステップ「固定客化」に進むことができないため、顧客情報の収集は必須事項です。

ただ、飲食業界など、顧客情報を取得しにくい業種もあります。

お客様にとっては、自分の情報を他人に手渡す行為は喜ばしいものではないし、文字を書く行為を面倒に感じる人もいることでしょう。でも、あきらめてはいけません。

顧客情報の収集という行為が、もともと**マイナスイメージ**であるならば、**プラスイメージ**に転化すればいいのです。

ズバリ、顧客情報を取得するコツは、お客様を楽しませることです。

お客様が「ぜひ書かせてくれ！」と感じられるような準備すればいいのです。

最もシンプルな方法としては、「用紙に記入していただいたら生ビール1杯無料」があります。「それでは、利益が減るのでは？」と思われるかもしれませんが、生ビール1杯分の原価は150円程度です。

今急激に市場が拡大している通販業界では、1人の顧客情報を取得するためにある分野では、5000～1万円の経費をかけています。

5000～1万円の経費をかけてでも顧客情報を取得し、その後リピートしてもらうほうが、結果的には大きな利益を得られるということを知っているからです。

「1万円もの経費をかけて、たった1人の顧客情報を取得して、本当に儲かるの?」と思われるかもしれませんが、通販市場が拡大し続けている今の状況が何よりの証拠と言えるのではないでしょうか。

たった150円で、1人分の顧客情報が取得できるのであれば安いものです。ぜひ、積極的に取り組んでください。

ただし、冒頭でお話しした通り、新規客への過剰なサービスは既存客の反感を買うため、既存客にも新規客へ与えた以上のサービスを、定期的に付与する仕掛けを用意してください。

それ以外にも、顧客情報を取得する方法はたくさんあります。

会員カードをランクアップさせる仕組みを構築し、**「未来への希望」**を可視化することで、顧客情報を書いてもらう方法です。

たとえば、3種類の会員カードを用意し、それぞれシルバーカード、ゴールドカード、プラチナカードと名づけ、カードがランクアップするにしたがって、受けられるサービスをランクアップさせていきます。

シルバー会員は毎回「生ビール半額」、ゴールド会員は毎回「生ビール1杯無料」、プラチナ会員は毎回「生ビール1杯無料+増量」などです。

カードがランクアップするほど、受けられるサービスもランクアップしていくため、お客様の購買意欲が増していきます。

※ランクアップカードに関する詳細情報は、『お客様はえこひいきしなさい！』（高田靖久著・中経出版）をご一読ください。

また、**ゲーム的な仕掛け**も有効です。

くじを用意し、顧客情報記入用紙と引き換えにくじを引いてもらいます。くじの中に「本日の飲食代0円」といったインパクトあるものを入れると効果が増すでしょう。

ゲーム的な仕掛けは、顧客情報を取得しにくい**団体客**にも有効です。

その代表的なツールとして、弊社で販売している「チャレンジカード」があります。

「チャレンジカードセット」には、顧客情報を書き込むチャレンジカードと、複数の値引き券（スクラッチカード）が用意されていて、それぞれの値引き券（スクラッチカード）をこすると「１００円ＯＦＦ」「１０００円ＯＦＦ」などの表示（特典）が現われ、印字されている金額分を、その日の飲食代から差し引く仕組みです。

つまり、顧客情報と引き換えに値引き券をプレゼントするという、ゲーム感覚の顧客情報収集ツールです。

チャレンジカード・セット

http://www.moraure.com

アイデアしだいで、顧客情報収集はプラスイメージに転化できる

もちろん、1人客にも活用できますが、団体客に対してはその威力が倍増します。「本日の飲食代から、値引き券に印字されている**合計金額**を値引きさせていただきます」と「合計金額」の部分を強調することで、お客様の期待感を高めることができるからです。

1人のお客様が乗り気になれば、その勢いで全員が書き込んでくれることも珍しいことではありません。

なかには、「－（マイナス）100円OFF」という券もあり、これを引いた場合は飲食代が加算されることになり、ゲーム感覚が増加します。

いずれも、印字している金額は店側で把握できるようになっているため、お客様の雰囲気や年齢層などで判断し、値引き券を配るようにしてください。

10人の団体客なら、トータルで1000～2000円程度差し引けば、おおいに盛り上がることでしょう（この場合でも、1人あたりに換算すると100～200円程度）。

このように、顧客情報取得が難しいと思われていた団体客の場合でも、そこにお客様が楽しめるアイデアを付加することで、いくらでもプラスイメージに転化することができるのです。

また、顧客情報記入用紙を作成する際に、注意すべき点があります。

それは、**書きやすい用紙をつくること**です。

記入する項目があまりにも多いと、書く意欲がなくなるため、なるべく氏名・住所・年齢・メールアドレスなど、最低限の項目に抑えるようにしてください。

それぞれの注意点は、次ページを参考にしてください。


また、項目を設定する指針は、その後あなたがどのような販促活動を行なうかを基準としてください。

顧客情報の取得後、定期的にDMやニュースレターを送付するなら「住所」は必須だし、メルマガを送付するなら「メールアドレス」が必須となります。

つまり、お客様から「何を聞くか？」は、今後あなたがどのような広告を実施していくか、を元に考えればいいのです。


繰り返しますが、新規客獲得のための広告を実施する際は、必ず顧客情報を取得する仕組みを用意し、新規のお客様が初来店した際には必ず顧客情報を取得してください。

そこで顧客情報を取得しなければおしまいですが、顧客情報を入手することができれば、その後いろいろな方法でお客様と接触することが可能となります。

顧客情報記入用紙を作成する際の注意点

先に、○×式・選択式の質問を記載することで、「書きやすい印象」を与える

記入の意欲を高める一文を添える

例

居酒屋とりべえ・わくわく会員へのご登録のお願い

ご登録いただいた方には、いろいろな特典をお届けいたします♪

お名前	
年齢	～20代・30代・40代・50代～
ご住所	
メールアドレス	@

お得な特典満載のメールマガジンを（受け取る・受け取らない）
※購読解除は簡単なので、ぜひ一度お読みください♪

それぞれの記入枠はなるべく大きく

メールマガジンを発行する場合は必ず許可をとる

「簡単に解除できる」ことを記載し、メルマガ登録を促す

その他、
●質問事項は最小限にとどめる（不要なことは聞かない）
※記入項目数が多いと記入率が下がるから
例えば、電話連絡や商品発送の予定がない場合は、電話番号を聞かない
●なるべく書きやすい紙を使用する（上質紙・マット紙など）
など、お客が「書きやすい」と感じられる工夫をする

定期接触することができれば、定期的に来店してくれる可能性が高まるため、商売繁盛への可能性が高まっていくことになります。

恋愛の場面でも同じです。初めて出会った理想の相手は、出会った瞬間に連絡先を聞くことができれば、その後さまざまな方法でアプローチすることができます。しかし、連絡先を聞くことを忘れてしまったら、あなたがいくら思いを寄せても再会することはできません。

すべてのはじまりは、相手（お客様）の連絡先（顧客情報）を聞き出すことからはじまります。

逆に、お客様の個人情報さえ聞き出すことができれば、販売促進の50％は成功したようなものです。なぜなら、**何度でも挑戦できるから**です。

イベントをお知らせするＦＡＸ、近況をお伝えするメルマガ、新商品をお知らせするＤＭと、あなたの手元に顧客情報がある限り、あなたは何度でも挑戦することができるのです。

初来店で５０００円だけを手に入れるのか、その後固定客化して１００万円客に育てるのかは、初来店時に顧客情報を聞くか聞かないかにかかっているのです。

4

固定客化
〜小さな店の最大の武器で定期接触

あなたの広告が売れない理由

最近、「広告の反応が悪い」という声を聞く場面が増えています。

その原因、とくに社会背景については3章でお話しした通りですが、実は反応が下がっている原因はもうひとつあります。

それは、**消費者が広告に魅力を感じていないから。**

世の中には、大手企業が運営する店舗（FCや直営店など、多店舗展開している店）と中小店がありますが、消費者が魅力を感じる広告を作るためには、まず大手と中小店の「違い」を認識する必要があります。

ここでいったん、あなたの脳を**お客脳**に切り替えてください。

もし、あなたが美容室経営者であれば、休日に飲食店を利用する（つまり、あなたがお客様である）場面に置き換えて読み進めてください。

ここ数年、私が住む町には複数の回転寿司店が新規出店しています。そのほとんどすべてが、大手が運営する店舗です。

最近の回転寿司店は驚くほど価格が安く、味もおいしいしメニューも豊富です。子供向けメニューも充実しているので、日曜夜7時のファミリータイムに店に行くと、満席の大盛況です。

しかし、新規出店してきた店のすぐ近くにまた新たな店が出店してくると、お客様はあっという間にそちらに移動してしまいます。なぜかというと、新しい店のほうが安くて魅力的だからです。

一皿100円で人気を集めていた店の近くに、一皿95円の店が出店してくるので、お客様は当然移動することになります。すると、お客様を奪われた古い店が巻き返しを図り、さらなる値段攻勢に打って出ます。一皿何と90円！

さらにメニュー数を増やし、広告量を増やし、再びお客様を奪い返します。

この5円を巡る攻防は、大手企業だからこそなし得る戦略です。

ところで、お客様はなぜ、**たった5円の差**で行く店を変えると思いますか？　それは、大手企業が運営する店の一番の魅力が、**品揃え**や**価格**に集中しているからです。もちろん、大手で働くスタッフの接客はすばらしいし、みんな笑顔で好印象です。また信頼感があり、衛生面も申し分ありません。

でも、それらの要素はライバル店にも当てはまるため、プラスマイナスゼロ。比較できる部分は、品揃えや価格にしか残されていないのです。

だから、地域住人は一皿100円の店よりも、一皿95円の店を選ぶことになります。

ちなみに、大手の魅力である品揃え・価格は**モノ（商品）**にまつわる魅力です。つまり、店や商品の魅力には、**ハード要素**と**ソフト要素**の2種類がありますが、大手が打ち出す魅力のほとんどすべてが「ハード要素」です。

ハード要素です。

では、「ソフト要素」とは何かと言うと、**人**や**こだわり**にまつわる魅力です。

たとえば、販売商品に強烈なこだわりを持つ店主や笑顔の魅力的なスタッフなどです。

美容室やエステサロンなどでは、長い期間店に通い続けることによって、店員がお客様の好みを知り尽くしてくれるようになりますが、これも立派な「ソフト要素」と言えるでしょう。

この「ソフト要素」こそが、中小店の最大の武器なのです。

ちなみに、ハード・ソフト要素について、文具店などで売られているシステム手帳を例に説明するとわかりやすくなります。

手帳にはさまざまな特徴がありますが、価格や色・紙質・サイズといった、「商品」にまつわる特徴が「ハード要素」であり、書きやすさや検索しやすさ・その他の付加価値など、「機能」にまつわる特徴が「ソフト要素」となります。

話を、回転寿司店の接客に戻します。

もちろん、大手スタッフの接客はすばらしいものでしょう。しかし、大手と中小のスタッフの笑顔は、基本的にその質が異なります。

どちらもすばらしい笑顔ですが、大手の笑顔はマニュアルに基づいた笑顔です。

たとえば、北海道の店舗のスタッフはみんな笑顔だけど、東京の店のスタッフはみんな憮然としていた、では困るのです。同一店である以上、全国どの店に行っても同じサービス・同じ笑顔を提供しなければならないのが大手です。

全国の店舗のサービスを標準化しなければならないため、マニュアルには「お客様には満面の笑顔で接客しましょう」と記されることになります。

これを、入店時にしっかり教育されるため、みんな均一的な笑顔が生まれることになります。大手ハンバーガー店などは、その代表例と言えるでしょう。

しかし、消費者は無意識のうちに、その言葉の裏にマニュアルの存在を感じ取っています（サービスにムラがないことは、大手の信頼感でもあるが……）。

もちろん、大手で働くスタッフは一所懸命接客しています。大手のスタッフを否定するわけではありません。

ただ、お客様の多くが**「どこか機械的」**と感じていることは間違いありません。すぐ近くに10円安い店が出店してくると、ほとんどのお客様がそちらに移動してしまう事実が、何よりの証拠ではないでしょうか。

このように、大手と中小の笑顔はその質が異なります。つまり、「ソフト要素」において、大手は大きな弱点を持っているということです。

実は、ここが攻めどころなのです。

もう一度言いますが、**大手の最大の武器は品揃えや価格などの「ハード要素」であり、中小店舗の最大の武器が、人にまつわる「ソフト要素」です。**

であるにもかかわらず、中小店の広告を見ると、そのほとんどが品揃えや価格しか記載されていません。つまり、大手の土俵「ハード要素」で戦っているから勝てない（広告の反応がない）のです。

はっきり言って、中小店が「ハード要素」で大手に勝つことはできません。回転寿司店の攻防を見てもわかるように、大手は常に5円の攻防を繰り広げています。全国に複数の店舗を有し、本部で一括仕入れをするから、極限まで価格を安くすることができるのです。

たった1店舗で経営している中小店が、勝てるわけがありません。

ちなみに、あなたの店の価格帯は地域最安値ですか？　きっと、ほとんどの中小店が地域最安値ではないはずです。

でも、それでもあなたの店にお客様は来てくれる。なぜだと思いますか？

その答えは簡単。**価格（ハード要素）以外の部分で魅力を感じてくれているから**です。

何ともありがたい存在です。

もちろん、価格至上主義のお客様もいるでしょう。

しかし、すべての消費者が価格至上主義ではありません。

もし、すべての消費者が「5円の差」で店を選ぶのなら、すべての場面で大手が勝利します。そこに、中小店が生き残る余地はありません。

でも、あなたの店のお客様は、あなたの店が地域最安値でないにもかかわらず来店し続けてくれる。このお客様の存在こそが、人は価格だけで判断しない何よりの証拠と言えるのではないでしょうか。

このように、大手と中小店は存在そのものが異なります。

そして、大手の最大の武器は「ハード要素」であり、中小店の最大の武器は「ソフト要素」

です。その武器を訴求しないから、広告の反応率が上がらないのです。

これが、あなたの広告が売れない理由だったのです。

創業時の決意を再確認しよう

では、どのような広告を作れば反応が上がるのかと言うと、中小店の最大の武器である「ソフト要素」を魅力的にお伝えすればいいのです。

その際、ぜひ一度**創業時の決意**を思い出してみてください。


あなたは、なぜ独立起業したのか？

「お金持ちになりたいから」という答えもあるでしょう。むしろ、ほとんどの経営者がお金持ちを目指して起業したはずです。

それは立派な動機だし、それがエネルギー源となって店の歴史が作られてきたわけですから、その思いはこれからも持ち続けていただきたいと思います。しかし、それ以外にはなかったか？

「お金持ちになりたい」ことが第一目標だったとしても、それを実現するために、あなたはなぜ「今の仕事」を選んだのですか？

「今までにないサービスを提供したい」
「今以上に、お客様が満足できる店をつくりたい」
「世の中が、あっと驚く商品を開発したい」
など、そこにはさまざまな「理由」があったはずです。きっと、その頃のあなたの瞳はキラキラと輝いていたことでしょう。未知なる世界にチャレンジする冒険家のように、それまで経験したことのない何かに触れ、ワクワクドキドキする子供のように、あなたの瞳は輝いていたことでしょう。

でも、その輝きは少しずつ薄れていった。夢の前には壁があることを知り、できることとできないことを知ったから。そして、関わる人々との間にしがらみが生まれたから。さらに、自分という人間の器の大きさ（限界）を知ったからです。

輝きが薄れていった理由は、いろいろなものがあると思います。

だから、忘れているだけ。

どこか落ち着くことができる空間で、1～2時間かけて「創業時の決意」を思い返してみてください。そこにはきっと、キラキラ輝く「あの頃の思い」がまだ残っているはずです。

その決意を思い出すことができたなら、すぐに紙に書き出して大切に保管してください。

それがあなたの店の原点であり、その言葉さえあれば、**あなたは何度でも甦ることができるのです。**

そして、その決意を文章化してください。

独立起業して以降、さまざまな現実を知った経験値はあなたの「進化」ですから、決意を再確認・修正し、第2期の決意として作り直してもいいでしょう。再び「夢」を明確にするのです。

昔から日本には、「言霊」という概念があります。言葉には魂が宿っている、という考え方です。

キラキラしていたあの頃の気持ちを抱きながら書いた文章には力が宿ります。精神論ではなく、長年数多くの経営者の文章を読んできた経験から、心が躍動した状態で書く文章には、不思議な力が宿ることがわかってきました。

下手な文章でもかまいません。「わかりやすく書く」ことに注意して、書く手に心をこめれば、必ず魅力的な文章が完成します。

そして、キラキラした状態で文章を書き、広告を作っていきましょう。

お伝えする要素は、「ソフト要素」を中心に（「ハード要素」を記してもかまいませんが、「ハード要素」だけに終始しないように注意）してください。

それでは、いよいよ売れる広告を作っていくことにしましょう。

「読まれる媒体」を持つ

「隅々まで熟読してしまう広告」「来月の広告が待ち遠しい」……そんな夢のような話を聞いたことがありますか？

ある販促ツールを使うことで、そんな夢のような世界を作り出すことができるのです。

それこそが、ニュースレターです。

「ニュースレター」……文字通り、店の「ニュース」を書き記した「レター（手紙）」です。紙面は、店主のエッセイやスタッフ紹介、店や商品のこだわり情報、お客様の声、雑学や四コマ漫画などで構成された、学級新聞のような広告です。

タイトルは、**『居酒屋やまだ屋の山ちゃん新聞』**などと記されているので、一見すると広告には見えない広告です。

実際、弊社では、全国の中小店・企業を相手に、6年前から「ニュースレター作成支援サービス」を運営しており、今では300を超えるクライアントにご利用いただいています。

もちろん、そのすべてが成功を収めているわけではありませんが、多くの契約店舗（会員）

が、ニュースレターという販促ツールの高い効果を実感しており、ニュースレターを読んだお客様が来店した際、「いつも楽しく読んでいます」「来月号が楽しみ」という声をいただいたり、なかには「過去最高の売上げ・利益を達成しました！」という店も少なくありません。

ちなみに、「ニュースレター作成支援サービス」の主なサービス内容は、雛形（テンプレート）の提供とメールや電話によるアドバイスサービス（無制限）です。

もともと文章作成が苦手な経営者も、アドバイスサービスを受けることで、短期間で魅力的なニュースレターを作ることができるようになると、年々契約店が増えています。

広告といえば、さまざまな手法が存在しますが、長年広告の世界で生きてきて、ニュースレター以上に効果的な広告手法を見たことがありません。

それほど、ニュースレターという販促ツールは、人々を惹きつける力を秘めています。

ではなぜ、それほどまでにニュースレター販促が大きな効果を示すのかというと……

先述した通り、今の日本は広告で溢れています。

テレビやラジオ、電車の中や駅構内、自宅のポスト、街を歩いていても、常にそこには無数の広告が溢れています。

そして、その広告のほとんどが「決算セール開催中！」「新発売キャンペーン」といった**売り込み型広告**です。

まだ情報が少なかった時代なら、そんなシンプルな広告でも注目を集めることができたでしょう。

ところが今の時代は、四六時中右を見ても左を見ても「セール」「キャンペーン」のオンパレードです。それらにいちいち反応する余裕はないし、それに費やすお金もありません。

その結果、**多くの広告が「無視」される運命をたどることになります。**

「今週の土日限定半額セール」という広告に対して、昔の消費者なら「それはいいことを聞いた！」と喜んだかもしれませんが、今の消費者は「どうせ、来週も半額セールをやるのでは？」と、どこか醒めた態度です。

情報量が増えた時代に生きている現代人が賢くなったのか、過度な売り込みを連発する店側が悪いのかは定かではありませんが、広告を無視する消費者が増えていることは間違いない事実です。

そんな「セール」「キャンペーン」のオンパレードの生活の中に突然、**『居酒屋やまだ屋の山ちゃん新聞』**と記された紙切れが届きます。

サッと紙面を眺めても、どこにも「セール」や「半額」といった文字は記されていません。

それどころか、そこには日頃接している店のスタッフの笑顔の写真が載っていて、その横には何やら個人的なメッセージらしき文章が載っている。ニュースレターが、大きな効果を示す最初の理由がここにあります。

その理由とは、**他の広告物と明らかに異なるツールと認識してもらえる点です。**

ここで冷静に考えていただきたいのですが、セールやキャンペーンをお知らせする売り込み型広告は、その最大の目的が「買ってもらうこと」にあります。

つまり、**「魅力的なセールを行なっているので、今すぐ財布を持って来店してください」**というメッセージを（暗に）醸し出しているわけです。

もちろん、よりよい商品をより安く提供することは悪いことではありません。そのこと自体は、商いとして正しい行為だし、消費者にとっても喜ばしい情報です。

ただ、結果的に消費者の財布の中のお金は減っていくことになります。**商品を買う＝お金を支払う**わけだから当然です。

1人の財布の中には限られたお金しか入っていないのに、目の前には大量の広告が手招きしている。まるで、一つひとつの広告が「財布！　財布！」と連呼しているような状況です。

商品を買う＝楽しい行為だし、消費活動は生活をしていくうえで欠かせない行為ですが、広告の量が消費者の消費量をはるかに越えている。だから、売り込み型広告はひとまとめにバサッと捨てられることになるのです。

一方、ニュースレターからは「財布を持参」というメッセージは感じられません。そればかりか、紙面を見ると、そこには店主やスタッフの笑顔の写真が載っています。

消費者にとって、「財布を持参」というメッセージが**危機感**と映るなら、ニュースレターからは一切の危機感が感じられません。

だから、好意的に読んでもらえるのです。

もっとわかりやすく言うと、一般的な広告が**「財布を持参しなさい」**と語っているとしたら、ニュースレターは**「仲よくなりましょう」**と語りかけているようなものです。

これは、間逆とも言えるほどの第一印象の違いではないでしょうか。

「でも、ただ単にスタッフの情報を配信しただけでは、商品が売れることはないから意味がないのでは？」と思われるかもしれませんが、そんなことはありません。

間違いなく売れるようになります。

その理由は、消費者の消費心理にあります。

消費者は、何か商品を購入するとき、まず最初に**「この店（人）は信頼できるか？」**と考えます。ちょっと怪しい店や人からは絶対に買いません。

そして、その店（人）が信頼に足りると感じた場合、次の段階に進みます。その段階とは、

「買うか買わないか」。ようやくそこで、買うべき商品を真剣に見つめるのです。

このように、消費者の消費心理は必ず**3段階**で進みます。

「信頼できる店」→「魅力のある（ない）商品」→「買う（買わない）」という流れです。

ですから、いくら安い商品であっても、店や人に信頼感がなければ購入には至りません。

少し大袈裟なたとえですが、ヤクザ風の男性が突然、「通常10万円の商品を1万円でいかがですか？」とたずねてきたらどうでしょうか？　きっと、ほとんどの人が購入には至らないでしょう。

商品は、90％ＯＦＦとかなり魅力的ですが、男性の風貌が信頼に足りないため購入には至らないのです。

一方、町のコンビニではそれぞれの商品が**定価**で売られています。値引きなしでも、コンビニには信頼感（全国的なブランド力）があるため、お客様は安心して購入していきます。

それほど、「信頼感」は消費活動において重要な意味を持っているということです。

では、「信頼感」を高めるにはどうすればいいのかというと、**あなたやあなたの店の情報を伝えればいいのです。**

1章でも触れましたが、人間は**初めてのこと（もの）＝知らないこと（もの）＝怖い**と感じる生き物です。

サザエは、「サザエ＝おいしい」という情報を知っているからおいしいのであって、その情報を知らない人にとっては、とても食べ物には見えないかもしれません。

恋愛でも同じです。

相手のことを、知れば知るほど好きになっていくのが人間です。

先述したヤクザ風男性も、いろいろな話を交わしていくと実はいい人かもしれません。でも、その男性の素性を知らないから、怖いと感じるのです。

つまり、人間は**「知らない」＝怖い、「知っている」＝信頼**と感じる生き物であるということです。

だから、ニュースレターでどんどんあなたや店のスタッフの情報を発信していけばいいのです。**どんどん情報を発信していけば、お客様はあなたのことを「知っている」と認識するようになり、勝手に信頼感が上がっていくのです。**

とてもシンプルな図式です。

一方、他の広告は、そのほとんどが商品（価格）情報に終始しています。

全国的に知れ渡った店であれば、そのような広告でも次の段階（消費活動）に進みやすくなりますが、多くの地域店にはそれほどのネームバリューはありません。その結果、「信頼」

という壁（「本当に、この店は信頼できるのか？」という壁）が邪魔して売れないのです。

しかし、定期的にニュースレターを送付し、定期的に店やスタッフの情報をお届けしていくと、否応なく信頼感は高まっていきます。

「知っている」＝信頼、だから当然です。

その結果、他店を大きくリードした状態を作り上げることができるようになるというわけです。

もちろん、商品の価格や品揃えも大切な要素ですが、商売の第一ハードル（＝信頼）を築くことができれば、かなり有利な商売を実現することができます。

「ニュースレター販促」を導入した店の多くが繁盛している理由が、実はここにあるのです。

また、ニュースレター紙面上に「店長日記」などが載っていたら、それだけで楽しい気分になります。

いつも店で会う店長の私生活に関する文章が載っていたら、それだけで興味津々です。そんな楽しい文章が載っていると、つい隅々まで読んでしまうことになります。その結果、**読まれる媒体**が完成していきます。

これは、実際に経験しないとわからないことですが、ひとつでも「読まれる媒体」を持っていると、かなり有利な商売を実現することができるようになります。

その理由について、「ニュースレター作成上の最も重要な3つのポイント」とともに次項から説明していきます。

ニュースレター販促術⑴　1ページ目の重要性

まず、次ページをご覧ください。

これは、弊社が運営している「ニュースレター作成支援サービス」で毎月提供している雛形の1ページ目ですが、構成としては上から**「ニュースレタータイトル」「わたしの独り言」「その他コンテンツ」**という3段階構成になっています。

まず、ここで大切なポイントが**タイトル**です。タイトルはなるべくシンプルで、わかりやすいネーミングにしてください。

美容室や飲食店などは、比較的ユニークな店名をつけている場合が多いので、仮にあなたの店の名称が「居酒屋とりべえ」なら、**「居酒屋とりべえ新聞」**や**「とりべえ瓦版」**というふうに**「店名＋α」**で考えるといいでしょう（ただし、「○○商事」といった硬い企業名の場合など、会社名をタイトル化しないほうがいい場合もある）。

NEWS LETTER

あなたに贈る
ニュースレターです。

読んでキレイになる♪

○月号

サンクスMail《メール》

発行：美容室サンクス
〒812-0015 福岡市博多区山王1-11-35 TEL 092-411-3758

わたしの独《ひと》り言《ごと》

●すっかり季節は春ですね。スタッフの間では今、お花見の話で持ちきりです。いつどこで何を食べるか、ビールの銘柄は何にするか。（結局はコレかい！）ハイ。完全に花より団子状態なのです。だって、春ってウキウキするから♪

●芽吹きの春。暖かく蒸れた土の香り、若葉の香り。あぁ、またこの季節がやってきたなと、甘くて暖かい春の匂いに幸せを感じます。
個人的に大好きなのが、春風に乗ってフワフワと漂ってくるシャンプーの香り。職業柄「ん？これは○○の匂いかな？」と当てるのが得意なんです！（焼き鳥の匂いもすぐかぎつけます。笑）

●シャンプーの香りにこだわる女性は、多いですよね。でも、良い香りと髪のケア、両方兼ね備えたシャンプーがなかなか見つからない…と悲しい思いをされている方、香り＋品質も◎な当店のシャンプーをぜひお試し下さい。きっと、お風呂に入るのが楽しみになりますよ☆

●新生活が始まる方、そうでない方にも温かな「春」が訪れますように…♪

○○○○

面白トリビア

ビールの年間消費量は、よく「東京ドーム何杯分」と表現されますが、そもそも「東京ドーム1杯分」とはどれぐらいの量なのでしょうか？
公式なデータによると、その容量は「124万立方メートル」。だいたい1辺100メートル超の枡と同じぐらいの量になります。ちなみに2008年の世界のビール消費量は、東京ドーム144杯分らしいですよ〜。

格言・名言 人生編

「貴女を幸せにする自信はありません。
でも、僕が幸せになる
自信はあります。」

ハマちゃん／映画「釣りバカ日誌」

人を幸せにするという約束は、もしかしたら自己満足かもしれません。
まずは、自分が幸せになることが先決。そして、その幸せを振りまくことで、周りも明るくなるのかもしれません。幸せが幸せを呼ぶ、幸せの連鎖♪

これなら、ひと目で「居酒屋とりべえから来たニュースレター」であることを認識できるし、名前がシンプルなので、覚えやすいというメリットもあります。

ちなみに、書店で売られている週刊誌は、そのほとんどのタイトルがシンプルです。週刊少年ジャンプ、週刊少年マガジン、週刊少年サンデーなど……。一度読めば、嫌でも覚えてしまいます。

もちろん、そこに明確な理由があれば長いタイトルでもかまいませんが、長ければ長いほど覚えにくいというデメリットが生じるため、注意が必要です。

ときどき、「ｒｅｎｃｏｎｔｒｅ（ランコントル＝フランス語で「出会い」という意味）」といった、難しい言葉をタイトルにしたニュースレターを見かけますが、お客様にとっては覚えにくいし意味不明です。

ですから、タイトルをつける際は、なるべくシンプルでわかりやすいネーミングを心がけるようにしてください。

さらに応用技。

「店名＋α」に**楽しさ**を加えてみましょう。**「居酒屋とりべぇニコニコ新聞」「スタッフの最新情報まんさい！　とりべぇ瓦版」**などです。

タイトルにワクワクドキドキする要素を加えると、ニュースレターを受け取ったお客様の「読みたい」感情が高まり、ぐっと精読率が高くなります。

ただし、あくまでもタイトルは長くならないようにしてください。

「スタッフの最新情報まんさい！ とりべえ瓦版」というタイトルは、やや長い印象を受けますが、デザイン処理でシンプルに見せることができます（次ページ参照）。

タイトルはあくまで「とりべえ瓦版」であり、「スタッフの最新情報まんさい！」の部分をサブ的に処理する方法です。


そして、タイトルネーミングは、**スタッフ全員**で意見を出し合って決定するようにしてください。タイトルは一度決めてしまうと、その後変更しづらい部分です。タイトルがコロコロ変わるとお客様が混乱するため、一度決めたタイトルは、なるべく長期間使用するようにしてください。

また、ニュースレター作成は、なるべく**スタッフ全員で役割分担**して作成するようにしてください。店主や担当者1人が孤軍奮闘すると、作業量が大きくなるため継続しづらくなって途中廃刊しやすくなるし、何よりも1人で作成したニュースレターは楽しくありません。

タイトルは、楽しい印象を与えるデザインを心がける

キャッチコピーとメインタイトル
の大きさに変化をつけ読みやすく

例

スタッフの最新情報まんさい!
あなたに贈るニュースレターです。
とりべえ瓦版
発行：居酒屋とりべえ
〒812-0015 福岡市博多区山王 1-11-35 TEL 092-411-3758
○月号

「4月号」「夏号」「NO. 2」など号数表示することで、
定期発行物であることを印象づける

メインタイトルはなるべくシンプルに（覚えやすいというメリットがある）

店名（社名）・住所・連絡先は必ず明記すること

スタッフ全員で役割分担すると一人ひとりの作業量が最小化するし、より魅力的（楽しい）ニュースレターが完成します。

だからこそ、タイトルネーミングは全員で意見を出し合うようにしてください。とくに、若いスタッフからは、想像もできないユニークなネーミングが出てくる場合があります。

次に、**タイトル下のトップコンテンツです**。実は、ここが一番重要なコンテンツとなります。

なぜなら、そこに魅力的なトップコンテンツがあれば、一気に**読む勢い**が増し、その勢いのまま、それ以外のコンテンツも読まれるようになるからです。

逆に、トップコンテンツが面白くないと、読者はそこで読む行為をストップしてしまいます。せっかく苦労して作ったニュースレターなのに、読んでもらえないのであればすべてが水の泡です。

そうならないためにも、ニュースレターの1ページ目、とくにトップコンテンツは熟考し、魅力的な文章を書くようにしてください。

では、魅力的なトップコンテンツを作るためには、どのような内容の文章を書けばいいのかと言うと、一番のおすすめが**「人」に関するコンテンツ**です。

内容は、**私生活に関する話や失敗談、感動した出来事など**を綴りましょう。

仕事に関する文章を書く場合も、職場の裏側を暴露したり、こだわり食材を見つけるために苦労した話など、一般客に表面化しない話がおすすめです。文章への興味が高まります。

基本的にあなたの店のお客様は、あなたやスタッフの「限られた側面」しか知りません。その限られた側面とは、「仕事をしているあなた（スタッフ）」という側面です。あなたとお客様が接する場所は店だけなので、お客様は仕事以外のあなたを知るはずがありません。

ちなみに、あなたは次のような経験はないでしょうか？　男らしくて、常に強気な姿勢で人気のある男性芸能人がある出来事でホロリと涙を見せ、一気に親近感が湧いた、といった経験が。その親近感は、その男性の**違う側面**を見たから起こったものです。

「男らしい」要素だけではそれほど注目していなかったのに、そこに「涙もろい」要素が加わることで、その芸能人の人間性が、より**立体的**に感じられるようになったのです。

また、恋愛の場面において、**「ギャップのある人が好き」**という言葉を聞いたことはありませんか？

いつもクールな彼氏だけど、2人きりになるとギャグばかり連発する。だから好き。すべてに完璧な父親が、ある日泥酔して帰ってきた。こんな姿もあるのだな、と親近感を抱いた。

ふだんはふざけているのに、仕事の場面では真剣な上司などなど。

人は、なぜ「ギャップ」に惹かれると思いますか？　それは、**その人の「違う側面」を垣間見たから**です。

人は、他人に対してあるイメージを抱きます。そのイメージは、ほとんどの場合ひとつです。

そのたったひとつのイメージをもとに、「斉藤さんは優しい人」といったように認識します。ところがある日、「優しい」以外の側面を垣間見た瞬間、斉藤さんのイメージをより立体的に認識できるようになるのです。

つまり、より深く知ることができるようになる。これが「好き」に直結するのです。

ここで、あなたの若い頃を思い出してみてください。

奥様との初デートの日、あなたはどのようなことをしましたか？　きっと多くの人が、自分の情報をどんどんお話ししたのではないでしょうか。仕事の話、趣味の話、生まれ故郷の話、悩み、将来の夢など。

なぜ、そのような行為をとったと思いますか？

人は、**情報を与えれば与えるほど相手が好きになってくれる**、という人間の心理学的基本法則を、本能的に知っているからです。

誰からも教わることなく、本能的に知っている「他人から好かれる方法」を、販売促進の場面でもそのまま取り入れればいいのです。

仕事をしているあなたは「美容室の店員」以外の何者でもありませんが、私生活では「二児のパパ」であったり、「旅行好きな青年」かもしれません。そんな、さまざまな側面をどんどん発信するようにしてください。

そうすればするほど、お客様はあなたのことをより立体的に認識してくれるようになり、その結果、あなたに対する親近感がどんどん高まっていくのです。

また、さまざまな情報を与えることには別のメリットもあります。それは、**お客様との会話の量が増えること**です。

たとえば、あなたの趣味が映画鑑賞・サッカー・旅行だったとします。

そこで、ニュースレターの紙面上に「先日、◯◯という映画を観て、思わず号泣してしまいました」という文章を書いたとします。

すると、それを読んだ映画好きなお客様が反応してくれるようになります。「私も○○を観ました。泣けますよね～」といった具合です。

そして、次の号で「毎週月曜日にサッカーで汗をかいています」という文章を書くと、同じサッカー好きなお客様が反応してくれるようになります。

情報の種類は、趣味以外でもかまいません。「二児のパパ」の文章を書けば、同じく娘を持つ父親が反応するかもしれないし、子育てが終わった高齢のお客様が昔を懐かしんで話しかけてくるかもしれません。

また、生まれ故郷の話などはとくに効果的です。

「先日、久しぶりに生まれ故郷の鹿児島に帰省し……」という文章を書くことで、同郷のお客様にはかなり親近感を抱いていただけるようになります。

酒の席などにおいて、同郷であることがわかったとたん、意気投合したという経験はありませんか？　不思議な現象ですが、「生まれ故郷が同じ」には、とても大きな力が秘められているようです。

このように、あなたに関するキーワードを発信すればするほど、反応してくれるお客様が増える可能性が高まっていきます。

もちろん、反応しないお客様もいるでしょう。しかし、それは確率の問題であって、反応するお客様の数は必ず増えていくのです。

要は、**会話のきっかけ（話のネタ）を与えることです。**そうすることで、お客様と仲よくなることができるようになります。

なぜなら、**人間は会話の量が増えれば増えるほど、仲よくなる生き物だからです。**仲よくなるほど、あなたの店が「特別な店」になるため、当然来店回数が増え、売上げが上がっていくことになります。

よく、「お客様と仲よくなりたいけど、どうすればいいのかわからない」という相談を受けることがありますが、その方法はとても簡単です。

あなたに関する情報（キーワード）を、どんどん発信すればいいのです。それが会話のきっかけとなり、情報の量と比例して会話の量が増えていき、自然と仲よくなっていくことは間違いありません。

趣味、家庭、これまでの歴史など、ひとつずつのジャンルで整理していくと、少なくとも30以上のキーワードが見つかるはずです。それを、ニュースレターで毎号ひとつずつ文章化していくのです。

発行を重ねるごとに、お客様の反応が高まっていく「ニュースレター販促」の最大の秘密がここにあります。

一方、情報を発信しなければ、会話のきっかけをつかむことができません。だから、**「今日はいい天気ですね〜」**といった当たり障りのない会話しか成り立つことはありません。

その結果、いつまでたってもお客様と仲よくなることができない、という悪循環が続きます。

では、「1回のニュースレターで、30個すべてのキーワードを情報発信すれば、より簡単なのでは?」と思われるかもしれませんが、そうではありません。

ひとつの紙面で30もの情報を記すと、それは単なるプロフィールとなるため、魅力的な紙面づくりはできません。

ニュースレター1号につき1〜2個の情報を与え続けることで記憶してもらいやすくなり、より魅力的な紙面づくりが実現していくことにつながります。

このように、あなたやスタッフの「人」に関する情報を発信すべきニュースレターで、政治や経済の話を書く人がいますが、お客様はそのような情報を求めていません。政治や経済の話は、テレビや新聞などからいくらでも得られるし、専門家でもないあなたから政治の話を聞いてもお客様にはメリットはありません。

また、現代人は非常に多忙です。朝は、新聞やテレビニュースから情報を得、日中は仕事の場面で常に数字と向き合っていて、夜帰宅する頃は、心身ともに疲れはてています。そんなとき、ふとあなたの店のニュースレターに気づきます。すると、そこにも小難しい政治の話が載っている。これではいけません。前向きに「読みたい！」という意欲が起こりません。

だから、読者（お客様）にとって役立つ内容でなくてもいいので、**読んでクスリと笑えて心が癒される、**そんな魅力的な文章を書くようにしてください。

基本的に、消費は「楽しむ」ことです。あなたの役割は、お客様の日頃の仕事の疲れを癒し楽しませることなのです。

ですから、ニュースレターでも、日中の疲れが和らぐような楽しい文章を書くようにしてください。

このように、トップコンテンツでは仕事以外の楽しい出来事を綴ることが理想ですが、どうしてもお知らせしたい「仕事に関する話」もあるでしょう。

その場合は、**売り込み一辺倒にならないように注意すればＯＫ**です。

たとえば、イベントについてお知らせする場合、開催日や販売商品、価格などのハード情報だけに終始すると、それは単なる売り込み型広告でしかありません。『居酒屋とりべえ新聞』というタイトルがついているだけの、ただの一般的な広告チラシです。

そのようなニュースレターが続くと、徐々に精読率が下がっていきます。「一見、新聞風だけど、中身はどうせ売り込みでしょ」と、次号から読まれなくなります。

だから、イベントのお知らせについて書く場合は、イベントに対する思いや開催までの苦難、喜びなどのソフト情報を物語風に文章化するようにしてください。

そういった「舞台裏」の話を読めば読むほど、商品やイベントに対する興味が高まっていきます。

もちろん、イベント期日、商品ラインアップ、それぞれの価格などの必要最低限のハード情報も必要ですが、あわせてソフト情報も書き記すことが重要です。

販売商品を告知する場合も同様です。

単なる商品名・価格だけをお知らせするのではなく、あわせて商品に関するこだわり情報やあなたの思いを発信するのです。

そのような形での告知なら、読者はそれを**読み物**として受け止めるので興味が喚起され、一般的な売り込み広告以上の反応が出ることも珍しくありません。

このように、1ページ目はとくに重要な部分となるため、意識的に注力するようにしてください。

魅力的な1ページ目が完成すれば、「ニュースレター販促」は成功したも同然です。

がんばって作成してください。

ニュースレター販促術⑵　全体構成の重要性

次に、**全体構成の重要性**についてご説明します。

次ページをご覧ください。全体デザインとして目指すべきは、一見して**「楽しそう」**と感じられるようにすることです。

人は読み物を読む場合、まず最初に全体をサラリと眺めます。サラリと眺めて、「楽しそう」と感じることができたとき、ようやく次の行為に移ります。次の行為とは、一つひとつのコンテンツをしっかり読んでいくことです。

逆に、全体をサラリと眺めて「何だか難しそう」「文字が多すぎて読みづらい」と感じたら、そこで読む行為はストップしてしまいます。

質の高いデザインである必要はありません。素人の手づくりでも、そこに「楽しさ」「読みやすさ」が感じられることが重要です。

では、楽しい紙面を作るには、どのようなポイントに注意すればいいのかというと、最も簡単な方法は**写真やイラストを使用すること**です。

ニュースレターの全体デザインで大切なことは「楽しそう」と感じてもらうこと

文章だけのニュースレターは、どうしても読みづらい印象を受けるため、ところどころに写真やイラストを貼り付けるようにしてください。

たとえば、新商品に関するコンテンツを書く場合、その商品に関する文章とともに、写真を掲載するのです。

そこに写真が掲載されていれば、ぐっとイメージしやすくなるし、商品に対する興味も高まります。当然、紙面としての華やかさも向上します。

デジカメで撮影し、パソコン上で写真を挿入する手間はかかりますが、そういった一つひとつの手間が、結果的に売上げを左右することになります。

また、カラーで作成する場合は、なるべく**カラフルな色を効果的に使う**ことをおすすめします。たったそれだけの工夫で、楽しそうな印象は格段にアップしていきます。

さらに、**全体の内容も偏りがないように注意しましょう。**

ニュースレターの基本コンテンツをジャンル分けすると、大きく4つのジャンルに分けることができます。

①人（店主やスタッフ）のコンテンツ
②店のコンテンツ
③お客様のコンテンツ

④その他のコンテンツ

①、②については前項で述べた通り、極力「人」「こだわり」に関する楽しい文章を書くようにしてください。

③のお客様のコンテンツは、「お客様の声」や「お客様紹介」「掲示板コーナー」など、お客様側の情報を発信するコンテンツです。

ニュースレターはＤＭなどと異なり、同じ内容を多くのお客様に送る販促ツールなので、**小さなメディア**と位置づけることができます。そんなメディアに、お客様の情報が載っていたらどうでしょう？「私の名前が載っている！」と、多くのお客様がきっと喜ぶはずです。

さらに、紙面上に掲載された「お客様の声」に対して**返事のコメント**を記載すると、紙面上で、お客様と**コミュニケーション**をとることができるようになります。

多くの広告では、「店→お客様」という**一方向での情報発信**に限られていますが、ニュースレターでは、紙面上でお客様と会話をすることができるのです。つまり、**二方向です。**

そこで喜んだお客様は、その後のニュースレターもじっくり読んでくれるようになるし、それ以外のお客様も「お客様を大切にしている店なんだな」と、好印象を抱くようになります。

そして、④その他のコンテンツは、「今月の占い」や「四コマ漫画」「雑学コーナー」などのコンテンツを指します。店とは直接関係がないコンテンツですが、お客様が「楽しい」「役立つ」と感じるコンテンツを掲載するようにしてください。

「その他のコンテンツ」からは1円の利益も生まれないため、無意味と感じる人もいますが、実はそうではありません。

たとえば、紙面全体が店の情報だけで占められているとしたらどうでしょう。一つひとつの文章が魅力的でも、どこか広告的な印象を受けてしまいます。

でも、そこに「占い」が載っていたらどうでしょうか?

「占い」好きな人は多いので、まず最初にその部分に目を通す人が増えます。すると、ひとつのコンテンツを読んだことがきっかけとなって、それ以外のコンテンツも読みはじめる人が増えるのです。

つまり、「その他のコンテンツ」は、本来あなたが伝えたい「主役コンテンツ」を引き立てるための名脇役コンテンツなのです。

ですから、たとえばスタッフのコンテンツと店のコンテンツを連続掲載するのではなく、その2つのコンテンツの間に「今月の占い」を位置づけるのです。

そうすることで、自然な形で精読率が上がり、紙面にメリハリが出てきます。

店の情報→その他情報（ここで一息）→店の情報

このような構成にすることで、全体がぐっと読みやすくなっていきます。

「四コマ漫画」も効果的です。ニュースレターに漫画を載せると、ぐっと「読み物」らしさが出てきます。

最後に、4ジャンルの構成割合としては、

①人（店主やスタッフ）のコンテンツ……全体の3～4割
②店のコンテンツ……全体の2～3割
③お客様のコンテンツ……全体の1～2割
④その他のコンテンツ……全体の2～3割

を目安にするといいでしょう。

ニュースレター販促術(3)「ニュースレター販促」を成功させる2つのコツ

最後に、「ニュースレター販促」を成功させる2つのコツについてご説明します。

まず、ひとつ目のコツは**継続すること**。ニュースレターを使った「コミュニケーション販促」は、それがしっかり定着すると、さまざまな好反応が得られるようになりますが、1～

2号のニュースレターを送ったところで大きな反応は得られません。

人と人の信頼関係が一朝一夕には成り立たないのと同様、店とお客様の信頼関係も簡単に成立することはありません。

人や商品に関するこだわり情報などを定期的に届けることで、少しずつ信頼関係が築かれていきます。

そこで、おすすめするのが**「役割分担」**です。

店のすべてのスタッフがニュースレターづくりに関わることで、一人ひとりの作業量が最小化していきます。

基本的に、負担感のあるもの（こと）は継続しにくくなるため、ページ（コンテンツ）ごとに担当を決め、それぞれが責任を持って記事を作成することで、1人にかかる負担感を最小化していきましょう。

前にも説明しましたが、全スタッフでニュースレターを作ると紙面が華やかになるし、すべてのスタッフが大きな負担を感じることなく、継続して発行することができるようになるため、「ニュースレター販促」が成功する確率はぐっと高まります。

そして、もうひとつのコツは**楽しむこと**。

ニュースレターを発行する目的が「売上アップのため」だけでは、楽しい紙面は生まれません。

便宜上、本書では「ニュースレター販促」などと称していますが、お客様とコミュニケーションをとる行為は「販促」という言葉で括られるようなものではありません。

あなたの店にとって最も大切な存在は何ですか？　もちろん、その答えは「お客様」です。店を運営するために必要なものはお金です。お金があるから家賃を払うことができるし、人を雇うこともできます。では、そのお金をもたらしてくれるのは誰でしょうか？

お客様以外に、お金を払ってくれる人はいません。

あなたやスタッフの給料は、すべてお客様がもたらしてくれたお金から生まれるものなのです。

そんな、最も大切な存在であるお客様とコミュニケーションをとることは、むしろ当然の行為と言えるのではないでしょうか。それはまるで、毎朝開店時に店頭に看板を出したり窓を開けるような「当たり前の行為」です。

「お客様とコミュニケーションを図れば売上アップにつながるから、ニュースレターを発行しよう」といった短絡的なものではなく、「大切な人と仲よくなりたいから情報を発信する」という考えが起点となるべきです。

再び、恋愛にたとえます。

あなたは意中の異性に振り向いてもらうために、どのような話をもちかけるでしょうか？

きっと多くの人が、**「楽しい話」**を提供するはずです。好んで、暗い話を連発する人は少ないでしょう。

それは、楽しい話をするほど相手が喜んでくれることを知っているからです。それは、お客様に対しても同様です。

お客様を喜ばせたいと思うのであれば、なるべく「楽しい話」を提供すればいいのです。

そうするために必要なことは、**あなた（やスタッフ）自身が楽しんで取り組むこと**です。「創業時の決意」の項で説明した通り、心が躍動した状態で書く文章には不思議な力が宿ります。

あなたが「楽しい」と感じながら書く文章は、きっとお客様も「楽しい」と感じるはずだし、やらされ感たっぷりで書かれた文章は、読んでいても楽しくありません。

小学校の頃、クラス全員でワイワイガヤガヤと楽しみながら作成した学級新聞のノリを思い出し、ぜひ**遊び感覚**で紙面を作成するようにしてください。

そんな、プラス思考で作ったニュースレターには不思議な力が宿り、それを手にしたお客様の多くが「何だか楽しそう」と感じることは間違いありません。

ちなみに、弊社が運営している「ニュースレター作成支援サービス」会員のある美容室では、ニュースレターの中のある1枠で新商品の告知をしたところ、次々に予約の電話が鳴り響き、**あっという間に100万円もの売上げが上がったそうです。**

この現象が起きた際、店主自身も驚き、その直後私の携帯電話が鳴りました。

「何だかすごいことが起こっています！」と。

実際、そのニュースレターを見たところ、新商品に関するスタッフの思いが丁寧に書き綴られていました。商品名・価格だけのハード要素ではなく、その商品のよさを心を込めてお伝えしたのです。

ちなみに、この新商品はニュースレター以外では一切告知していなかったため、純粋にニュースレターだけで生み出した売上げとなりました。

そこで、店主は追加発注を決め、翌月のニュースレターでも再度告知したところ、再び売り切れとなりました。

こうして、2ヶ月連続で100万円、合計200万円を売上げることができました。

いくら魅力的な文章を書いたとしても、お客様に新商品に関する情報だけを届けていたのでは、こうはいかなかったはずです。

そこに「わたしの独り言」などの魅力的なコンテンツが揃っていたので、お客様は新商品情報も好意的に読み込んでくれたのです。

その結果、なかなかモノが売れない時代にあって、驚異的な売上アップが実現したのです。

基本的に、ニュースレターはコミュニケーションツールであり、売上アップを主目的としていませんが、「読まれる媒体」を持つと、このような副次的な効果も生まれてくるのです。

その他、「ニュースレター販促」には実にさまざまな効果がありますが、「ニュースレター販促」に関してさらにくわしい内容を知りたい方は、次の書籍を参考にしてください。

『売れる&儲かる！　ニュースレター販促術』（同文舘出版）

また、ニュースレターと同様に、おすすめするコミュニケーションツールとして「メールマガジン（メルマガ）」があります。

基本的な考え方や構成はニュースレターと同じですが、さらに詳細を知りたい場合は、次の書籍を参考にしてください。

『0円販促を成功させる5つの法則』（同文舘出版）

ファン客化
～個人接触で最後の仕上げ

5

知っている人＝信頼できる人

さあ、いよいよ「販促の3段階必勝法」の最後の仕上げです。

あなたは、お客様の個人情報を取得する仕組みを導入し、そこで得た住所（またはメールアドレス）宛にニュースレターやメルマガなどの「コミュニケーションツール」を定期送付する流れをつくり上げました。

この2つの流れがスムーズに動き出すと、それだけでも売上げ（利益）が上昇しはじめるのは珍しいことではありませんが、さらにここから説明する最後の仕上げで、その上昇気流を**絶対的なもの**にしていきましょう。

繰り返しますが、個人情報を取得しそのお客様宛に定期接触することは、商売繁盛の**土台づくり**を意味します。恋愛における、「電話番号（メールアドレス）獲得」→**「デート」**の部分です。

デートは、回数を重ねるほど、2人の関係は親密になっていきますが、この役割を担っているのが「定期接触」です。そして、デートで提供するのは、あなたの情報と楽しい思い出です。

商売も同じです。

ニュースレターやメルマガで、あなた（やスタッフ）の楽しい情報をお届けすればするほど、お客様はあなたのことを知ることになります。

知れば知るほど、あなたに対して「親近感」と「信頼感」が芽生えるため、加速度的にあなたの店が「特別な店」に変化していきます。

休日、あなたが店選びをするとき、「特別な店」と「その他一般の店」のどちらを選びますか？　答えるまでもないことでしょう。**これが、「コミュニケーションツール」の効果の正体です。**

「何となくわかったけど、まだボンヤリしている……」というあなたのために、もう少しわかりやすい説明をしましょう。

あなたの知人に「どうしようもないＢ君」がいるとします。

なかなか定職に就かず、毎日フラフラと暮らしている彼から、ある日電話がかかってきました。「今週末、飲みに行かない？」というお誘い。そこで、あなたはこう言うでしょう。

「……飲み会もいいけど、お前いい加減に定職に就けよ」

そんなどうしようもないＢ君だけど、10年来の親友だから、彼のいいところも知っています。

ここで突然ですが、あなたの目の前に、過去にノーベル賞を受賞した科学者S氏が現われました。テレビで見たあの人です。すると、なぜかそこにB君の姿も。

そして、なぜか2人が同じ台詞を口にします。

「お願いします。1万円貸してください」

ちなみに、あなたの財布には1万円しか入っていません。

……さて、あなたはどちらに1万円を貸しますか？

まあ、このような状況はなかなか起きないでしょうが、きっとあなたはB君に1万円を貸すでしょう。なぜか？

もうおわかりだと思いますが、あなたは**ノーベル賞受賞者S氏よりも、B君のことを深く知っているからです**。

世間から見れば、どう見てもノーベル賞受賞者S氏のほうに信頼感があります。ノーベル賞を受賞したほどの人だから、貸した1万円は必ず戻ってくるでしょう。

B君に比べると、数百倍偉い人。でも、きっとあなたはB君に1万円を貸すはずです。その理由は、B君の人柄を深く知っているからです。

つまり、**「知っていること」＝「信頼感」**。

ときどき、覚せい剤所持で捕まる芸能人がいます。彼の行為は「犯罪」です。

でも、出所したら知人たちが駆け寄ってきて励ましたりします。

世間から見れば、「絶対に信用できない人」です。しかし、知人たちは彼のことを深く知っているから、彼を励まし応援するのです。

つまり、**「知っていること」＝「信頼感」**。


その人がすばらしい人間かどうか、ではありません。「知っている人」が「信頼できる人」なのです。


店の周辺を毎日掃除したり、近くの海辺で清掃活動をする店がありますが、そのような慈善事業をしているから信用できるのではありません。

もちろん、慈善事業をすることはすばらしいことですが、それ以前に、人は「知っている人」を信頼するのです。


この人間心理さえ理解できれば、後は簡単です。

お客様から信頼感を勝ち取るためにすべきことは、あなた（やスタッフ）のことを知ってもらうことですから、定期的にお客様に情報を与えて知ってもらえばいいのです。

情報を与えるほど知ってもらえる、つまり信頼感が高まるのであれば、こんなに簡単なことはありません。

あなたの街のライバル店は、まだこの原理原則を知りません。であれば、1日でも早く情報発信する方法を構築することが重要となります。なぜなら、あなたの店より一足早くライバル店が情報発信を開始すれば、消費者はそのライバル店の店主（またはスタッフ）を信頼しはじめるからです。

とくに、美容室やクリーニング店、歯科医といった業種は、いち早い情報発信をおすすめします。これらの業種に共通することは、**お客様の来店行為が1店舗に集中する**、という点です。

飲食店の場合、「先週は居酒屋A店に行ったので、来週は焼き鳥屋B店に行く」という展開は十分にあり得ますが、歯科医に通うとき、「先週はA歯科に行ったけど、来週はB歯科に行く」という人はあまりいません。

美容室の場合も、多くの消費者が気に入った1店舗に通い続けるはずです。

つまり、あなたの店より先にライバル店の固定客になったら、なかなか挽回のチャンスは得られないということです。

つまり、**早い者勝ち**（逆に、ライバル店よりも先に固定客化できれば、大きなチャンスを得られる）。

「販促の3段階必勝法」の中で、「固定客化」までの仕組みはなるべく早い段階で構築するようにしてください。

そして、いよいよ「ファン客化」へのステップです。

恋愛における「デート」を繰り返してきたあなたには、すでに**プロポーズ**できる土台が築かれています。

後は、「結婚してください」という言葉を発するだけです。そこで相手がＯＫすれば、その後あなたには「永遠の春」が訪れることになるのです。

お客様の感情を動かす

「ファン客化」のステップの目的をひと言で言い表わすと、**「お客様の感情を動かす」**ことです。「情報を発信して知ってもらう」ことを目的とする固定客化に対して、ファン客化ではお客様の感情を動かすことが重要となってきます。

感情が動く……つまり「感動」です。

ちなみに、**世の繁盛店の多くがお客様の感情を動かしています。**それが味であれ、価格であれ、品揃えであれ、接客であれ、いずれかのポイントで必ずお客様を感動させているのです（だからこそ、繁盛している）。

「感動」という言葉を聞くと、映画やドラマなどを連想しがちですが、そこまで高度である必要はありません。

他では見たこともない料理を食べて、「はじめての味！　おいしい！」と感じることも感動だし、「信じられないほど安い！」と感じることも感動です。

「おいしい！」「安い！」と感じたとき、心が動くはずです。その状態が、「感動」ということです。

もっとわかりやすく言うと、**感動とは、お客にとって「予想以上」の何かが起こったときに湧き起こってくる心の状態を言います。**映画やドラマなどの感動は、「思わず涙がこぼれ落ちる状態」を意味しますが、そんな難しいものではありません。

お客様が店を出るとき、満面の笑顔で握手するということでも、十分にお客様を感動させることはできるのです。

そして、ここで重要なことは、**そんな「小さな感動」を、何度も何度も与え続けることです。**

今、日本はストレス社会と呼ばれています。うつ病患者数の急増、自殺者数の高い推移からも、今の日本社会の深刻さがうかがえます。そんな厳しい社会の中で、感動できる場面などそうそうあるものではありません。

そのような状況において、日頃行く店から感動をもらったとしたらどうでしょう？　あなたの店の印象が高まることは間違いありません。

「その他大勢の店」から抜け出し、お客様のロイヤリティが急激に高まっていくはずです。飲食店であれば、「選ばれる可能性」が高まるし、美容室などの1店舗集中型業種なら、大幅にリピート率が高まっていくことでしょう。

なぜなら、商品や接客、その他サービスに加えて感動を与えてくれるからです。

さらに、新規客が増える可能性も高まります。

顧客に感動を与えると、そのお客様が知人にクチコミする可能性が高まります。

人は、「普通ではないこと」を体験すると、身近な誰かに話したくなる生き物です。

紹介キャンペーンや紹介カード以上に効果的な方法です。1人のお客様を感動させれば、自然発生的にクチコミが生まれてくるのです。

一方、ライバル店の多くが「感動を与えること」を視野に入れていません。ほとんどの経営者が、「いかに安く提供できるか」、「いかに品質を向上させるか」だけに注力しています（つまり、ハード要素にしか目が向いていない）。

もちろん、それらも大切な要素ですから、そこでも十分に努力する必要はありますが、あなたにはさらに、もう一歩踏み込んでいただきたいのです。

売上アップが厳しい時代だからこそ、ライバル店が意識していない舞台で「商売繁盛への仕組み」を作っていっていただきたいのです。

ただし繰り返しますが、「お客様の感情を動かすこと」は、それほど難しいことではありません。ほんの少しの工夫や努力で、お客様の感情を動かすことはできるのです。

では、お客様の感情を動かす具体的な方法論についてご説明していきたいと思いますが、結論から言うと、その方法論は無限に存在します。

先ほどお話しした「握手する」ことも、立派な感動施策です。そこには決まったルールは存在しないし、あなたのアイデアしだいで、多くの感動施策を導入することができるでしょう。

ただ、比較的簡単に実践できる方法論がいくつかあるので、代表例を紹介していきます。

ポストカード販促

ニュースレターは、「ひとつの情報」を多くの顧客に送付する媒体であるのに対して、ポストカード（ハガキDM用カード）は一人ひとりのお客様に、それぞれ異なる内容のメッセージを送ることができます。

たとえばニュースレターでは、「私の趣味は釣りです」という情報を発信することで、あなたのことを深く知ってもらう効果と会話のきっかけを生み出す効果が得られます。

一方、ポストカードでは、「○○さんも釣り好きでしたよね？　最近の釣果はいかがですか？　今度話を聞かせてくださいね」といった**「個人接触」**を図ることができるのです。

つまり、「1対多」のニュースレターに対して、ポストカードは「1対1」で接触することができるツールなのです。

そんなポストカード販促でおすすめなのが、写真（イラスト）付きポストカードを活用することです。

たとえば、花好きな女性客にはアレンジメントフラワーの写真が載ったポストカードに担当スタッフがひと言メッセージを書いて送ったり、動物好きのお客様には可愛らしい犬の写真が載ったポストカードにひと言メッセージを書いて送る、などです。

もちろん、白紙の官製はがきにメッセージを書き記して送ってもいいのですが、写真（イラスト）付きポストカードにはいくつかのメリットがあります。

まずひとつ目のメリットは、お客様一人ひとりの趣味嗜好に合わせた写真（イラスト）付きポストカードを送ることで、**小さな感動**を呼び起こすことができます。

花好きなお客様のもとに、きれいな花の写真付きポストカードが届けば、相手はどのように感じるでしょうか。

「私が花好きということを覚えてくれていたんだ！」と小さな喜びを感じるはず（＝小さな感動）です。

また、きれいな花や可愛らしい動物、子供の写真などが載ったポストカードは、**保存率がぐんと高まるという効果もあります**。

売り込み一辺倒のＤＭはすぐに捨てられる可能性がありますが、センスのいいポストカードは「捨てにくい」という特徴があります。

ポストカードを活用しよう！

花の写真は女性客に好印象を与えることができる

動物は幅広い消費者に癒しを与える効果がある

つい微笑んでしまう赤ちゃん・子供のポストカード

手書きメッセージで誕生日を祝う

ペット好きにはたまらない犬のポストカード

ときにはふざけたポストカードで笑いを

大切なお客様へ心に残る言葉を

心を込めて思いを伝えよう

ポストカード専門店clipy（クリッピー）　http://www.clipy.jp　より抜粋

ポストカード販促を実施している店のお客様の中には、店から届いたポストカードをすべてクリアファイルに保管しているお客様もいるほどです。

保管率を高めるためには、なるべく紙厚の厚いポストカードを選ぶことも重要です。これはポストカードに限らず言えることですが、広告は使用する紙が厚いほど、保存率・反応率が高まります。物理的に厚いものは、捨てにくい印象を受けますが、そのあたりの心情が販促効果にも影響するのでしょう。

また、写真（イラスト）付きポストカードを使用すると、**メッセージを書く手間が省けるメリット**もあります。

ポストカードという販促ツールを利用してお客様の感情を動かすためには、そこに必ず手書きのメッセージが必要となりますが、一人ひとりのお客様に長文を書いていると、作業効率が悪くなります。

白紙の官製はがきを使用すると、空白部分を埋めるために長文や手書きイラストを書く必要がありますが、ポストカードの場合は、写真の余白に2～3行のメッセージを書くだけで体裁が整います。

一人ひとりのお客様に、心をこめたメッセージを書く必要はありますが、店のお客様は1

人ではありません。

矛盾するようですが、しっかりと思いを伝えながら、より多くのお客様に送ることを心がけなければなりません。そこで、ポストカード販促を実施する際、ぜひ覚えておいていただきたいテクニックについてご説明します。

このテクニックを用いれば、たった2〜3行のメッセージでも、あなたの気持ちを十分に伝えることが可能となるので、ぜひ試してみてください。

「特別感」と「時間差の活用」

たとえば、20年ぶりに再会した学校の先生から「そういえば、○○君は絵が得意だったな。今でも描いているのかな？」とたずねられたとしたらどうでしょうか？

きっとあなたは、「うれしい」と感じることでしょう。小さな感動が得られる瞬間です。

では、なぜ感動するのか？

この言葉を受けた側（あなた）の心理を分析すると、2つの感動要素が浮かび上がってきます。

ひとつ目は、数多い生徒の中で、先生が自分のことを覚えてくれていたこと。もうひとつは、20年もの時間が経過しているにもかかわらず、先生が自分の得意科目を覚えてくれていたことです。

人は、**「あなただけ特別である感」**を与えられるとうれしくなるし、そのことを長期間にわたって覚えてくれていると、その喜びはさらに増大します。つまり大切なことは、**「特別感」と「時間差の活用」という2つのキーワードです。**

最近人気の高級ホテルなどは、この2つのキーワードを活用することで大成功を収めています。

ホテルに着くと、部屋には個人宛のメッセージが書き記されていて、翌日テーマパークに行くファミリー客に対しては、テーマパークの資料が用意されています。

当然、お客様は喜びます。

「私たちのために、ここまでしてくれたんだ!」と。**(=特別感)**

さらに、1年後再度そのホテルを訪れると、担当スタッフが「昨年のテーマパークは楽しかったですか?」などとたずねてくれます。

お客様の喜びは、さらに増大します。

「1年前のことを覚えてくれていたんだ!」と。**(=時間差の活用)**

もちろん、人間の感動ポイントはそれ以外にも存在しますが、「特別感」と「時間差の活用」はその代表格です。これを販売促進に活用していきましょう。

まず、「特別感」を提供するために、ポストカードには**個人宛のメッセージ**を書き記します。来店日に仕事の悩みを聞いたお客様には、「その後、仕事はうまくいってますか？　陰ながら応援しています。がんばってください！」。

来店翌日が子供さんの運動会であれば、「先月の運動会は楽しかったですか？　次回来店時に、〇〇ちゃんの活躍ぶりをお聞かせください」などと書き記すのです。

このような文章を読むと、お客様は小さな感動を感じます。「私だけに当てた文面であること」を感じて感動するのです。

しかし、店には多くのお客様が来店します。1～2人のお客様なら、店で会話したことを覚えておくこともできますが、毎日数十人のお客様が来店する店の場合は、すべての会話を記憶することは難しいでしょう。

そこでおすすめするのが、**顧客カルテ**の導入です。病院や美容室などでよく見かけるもので、そこにはお客様一人ひとりのあらゆる情報を書き記していきます。

病院であれば、毎回の施術内容や健康状態を記すことで、今後の診療方針を決めることができます。また美容室でも、毎回の施術内容を記すことで、お客様の好みを探っていきます。そしてもちろん、このカルテは病院や美容室の専売特許ではないので、誰でも使用することができます。飲食店でもクリーニング店でも、人と接する業種であれば、ぜひ導入することをおすすめします。

その理由は、お客様の嗜好を記憶し、深く知ることができるからです。

来店時、Aというお客様と会話をした際、その内容をすぐにカルテに書き込むのです。Aさんが帰った後、すぐに書き込むようにしてください。その日の会話内容を書き込むだけですから、1分もかかりません。

お客様が多くて接客が連続する場合でも、1人の接客が終わった段階で必ず書き込むようにルール化してください。

そうすると、簡単に一人ひとりのお客様との会話の内容を記憶することができるようになります。

また、一般的なカルテには、名前・住所・生年月日・施術内容といった基本次項だけを書き込む店が多いようですが、あなたの店に合った**「その他の項目」**も加えるようにしてくだ

顧客カルテを導入しよう！

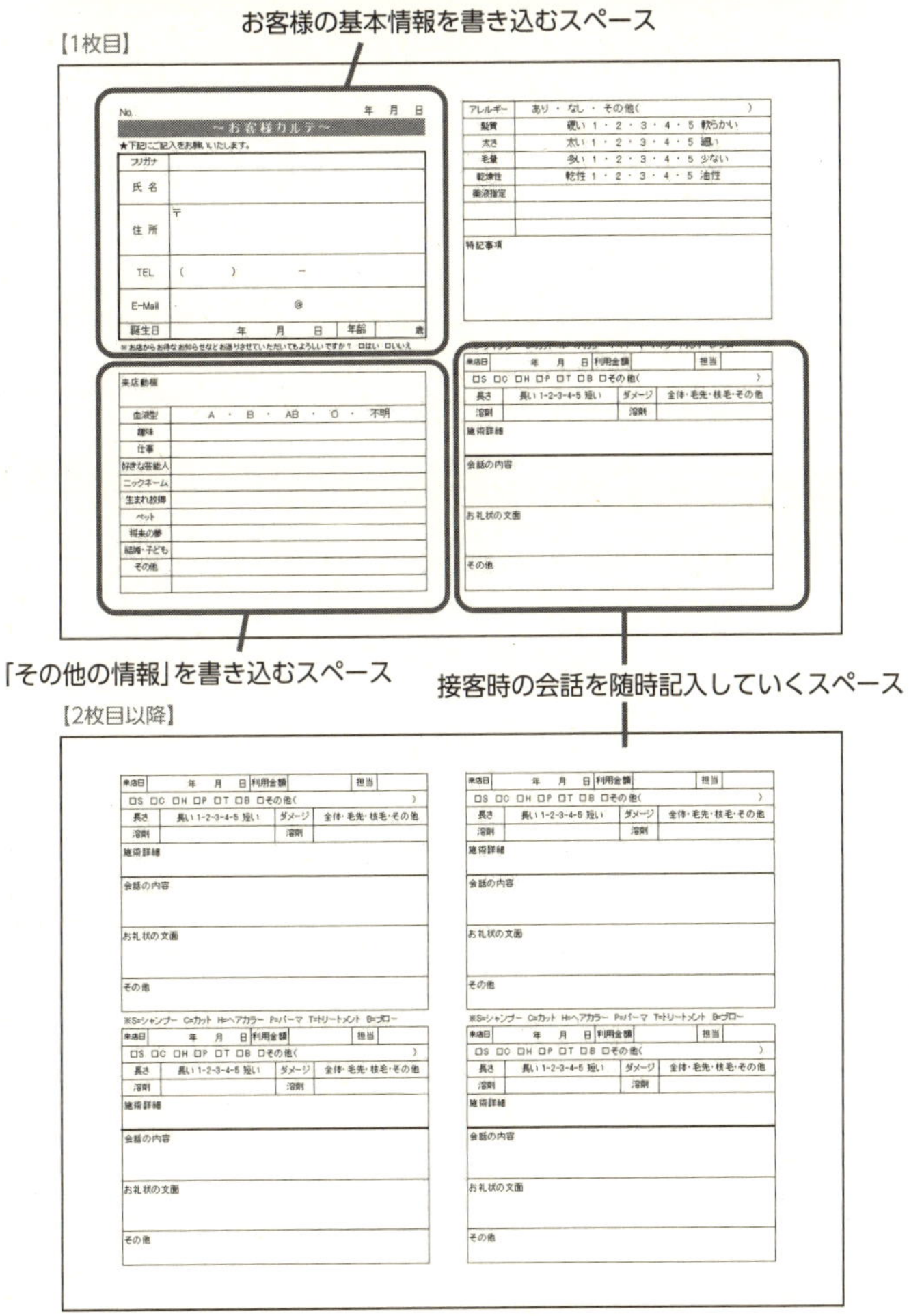

さい。次ページに一例を挙げましたので、参考にしてください。

たとえば、結婚しているお客様と会話をした際には、結婚記念日を聞き出すようにしましょう。

面と向かって、「結婚記念日はいつですか？」とは聞きづらいため、「結婚した日を覚えていますか？　答えられない人がけっこう多いんですよ～」などとクイズ形式にすれば、スムーズに聞き出すことができます。そして、結婚記念日を聞いたお客様には、毎年誕生日と結婚記念日にポストカードを送るのです。

誕生日DMは珍しくありませんが、結婚記念日にポストカーを送る店は多くありません。お客様が感動するのは間違いありません。

また、趣味を聞き出した場合も、その内容をすぐにカルテに書き込み、その内容についてポストカードに書き記します。聞き出す項目は、お客様によって変化させてもいいし、店によってルールを決めてもいいでしょう。

基本事項だけでなく、あらゆる個人情報を集めることで、（ポストカードに書く）メッセージのネタを増やしていってください。顧客カルテの量が増えるほど、あなたの店の武器が増えていくことになります。

また、**顧客カルテは「接客」の場面でも活用することができます。**予約後来店するお客様

顧客カルテで情報収集する「その他の項目」

項目	メリット
メールアドレス	メールやメルマガなどで無料アプローチができる
誕生日	お客様の記念日を祝うことができる
家族の誕生日	家族内での紹介の可能性が高まる
家族構成	接客時に会話の幅が広がる
子供の名前	名前を覚えてくれることは大きな喜びにつながる
ペットの名前	子供の名前同様、大きな喜びにつながる
ペットの誕生日	誕生日にお祝いDMを送るなどの企画が実施できる

その他にも…

血液型	職業・役職
生まれ故郷	将来の夢
出身校	好きな食べ物
ニックネーム	好きな芸能人
趣味・習い事	好きなテレビ番組
スポーツ歴	

などがあります

がいる場合は、その日の朝礼でカルテの内容を読み上げることで、そのお客様の個人情報をスタッフ全員で共有することができます。朝聞いたばかりの話なので、来店時に会話のネタに困る心配もありません。

「そういえば、先月のパーティーは楽しかったですか？」とたずねたら、「1ヶ月前のことを覚えてくれていたんだ！」と感動してくれるでしょうし、これがきっかけとなってさらに会話が発展するので、お客様と仲よくなることができます。

そして、その日聞いた話の内容は再びカルテに書き込み、販促や接客の場面で活用していきます。1人のお客様の情報が増えるほど、お互いの関係が親密になっていきます。

ファン客をつくる王道的手法です。

顧客カルテを活用して「特別感」のあるメッセージを書いたら、次にすべきことは「時間差の活用」です。

たとえば、5月1日に10人のお客様が来店した場合、必ず10人分のポストカードを「その日」にうちに書くようにしてください。そして、その日に書いた10枚のポストカードをクリアファイルに入れて保管し、クリアファイルの表面には**「7月1日投函分」**と書き記します。

もうおわかりだと思いますが、来店日に書いたポストカードを一定期間寝かせるのです。

これを毎日繰り返し、7月1日になったら「5月1日に書いた10枚のポストカード」を郵便ポストに投函します（同様に、5月2日に書いた分は7月2日に、5月3日に書いた分は7月3日に投函する）。

※投函までの期間設定は、お客様の来店スパンなどを基準に決めてください。

仮に、「先日の釣りの話、楽しかったです」というメッセージを書いたとしたら、その文面を読んだお客様は感動するでしょう。「2ヶ月も前のことなのに、覚えてくれていたんだ！」と。

でも、覚えているのは当然です。カルテを活用し、来店当日に書いたものだからです。しかし、受け取ったお客様は、「2〜3日前に書いたメッセージ」として受け取ります。「時間差の活用」で、お客様の感動をさらに増大させることができるのです。

ただし、「時間差の活用」には2つの注意点があります。ひとつ目は、**投函する数日前に書くつもりで書くこと**。

5月1日に来店したお客様から、「6月にパーティーがある」という情報を聞き出し、そのことをポストカードに書く際は、7月1日前後に書くつもりで、「先月のパーティーは楽しかったですか？」と書くようにしてください。これを意識しないと、おかしな文章になってしまいます。

もうひとつの注意点は、**投函する際に、必ずメッセージを読み返すことです。**

時間が経過することで、以前書いた文面がおかしな文章になることがあります。パーティーに行く予定だったお客様が再来店し、急にパーティーが中止になったことを聞き出した場合、5月1日に書いたメッセージはおかしな文章になるわけです。ですから、それらをチェックする必要があります。

また、以前書いたメッセージを読み返す行為を習慣化すると、スタッフ自身もお客様の情報を覚えていくというメリットがあります。その結果、販促テクニックではなく、本当の意味で人間関係が向上し、店のスタッフとお客様が仲よくなっていく図式を描くことができるようになります。

このように、ポストカード販促では「特別感」と「時間差の活用」を導入することで、小さな1枚のポストカードでお客様を感動させることができます。

これを意識していない店のポストカードの内容のほとんどが、キャンペーンや新商品のお知らせに終始しています。

もちろん、そういった情報も大切ですが、「一対一」の接触ができる数少ない販促ツールの内容がセール情報だけではもったいないないし、単なるセール情報なら手書きする必要はありません。

手書きの労力がもったいないので、セール情報は印刷し、個人に宛てたメッセージを手書きするなど、作業を効率化していきましょう。

そして、次項では「ポストカード販促」の作業の手間を最小化していく方法についてご説明していきます。

1年間に6回以上接触しよう

ある雑誌で、カーディーラーの営業マンの成功事例に関する記事を読みました。その営業マンは、毎年連続でトップ営業マンに君臨しているとのことでした。その秘訣……彼の営業方法は、このうえなくシンプルなものでした。

まだ売れていなかった頃の彼は、日々「トップ営業マンになる方法」を模索していました。ちなみに、車販売の世界では、年間100台販売すればトップ営業マンになれるそうです。年間100台……月に8〜9台ですから、決して楽な数字ではありません。

年間100台販売することを目標に、彼はまずこれまでに販売してきた顧客データを分析しはじめました。

その結果わかったことは、彼のお客様の、車の買い替えサイクルの平均値が「5年」ということでした。そこで彼は、ある仮説を立てます。

一人ひとりのお客様が5年に1回車を買い替えるのであれば、常に「500人」のお客様とじっくりつき合えばいいのではないか？

この仮説をもとに、既存客に紹介を求めるなどして、まずは500人のお客様（見込み客を含む）を集めることに取り組みました。

新しく出会った新規客に対して、それまでの彼であればすぐに売り込みをはじめたはずですが、目的を「売ること」から「お客様を増やすこと」に変えた後の彼は、すぐに売り込んだりはしません。

出会ったお客様とじっくりおつき合いしていくように、アプローチ法を変えたのです。

そこで、彼が作り上げた作戦が**「年6回の接触」**です。

「買う・買わない」に関係なく、500人のお客様には、必ず年6回接触することを決めました。その具体的な方法は、

①年2回のニュースレター
②年2回の季節のお便り（年賀状・暑中見舞い）
③年1回の訪問

④年1回の電話

1人のお客様に対して、この4つの方法でくまなく接触し続けることを決めたのです。その結果、3年後にはトップ営業マンに上り詰め、その後数年間にわたってその座を維持することができました。

結論から言うと、「500人」では毎年100台を達成することはなく、「800人」のお客様が必要だったそうです。つまり、800人のお客様がいれば、継続的にトップ営業マンに君臨できることがわかったのです。

では、本当にたった1人の営業マンが、800人ものお客様に「年6回の接触」ができるのか。それぞれの接触方法にかかる労働量を具体化し、検証していきましょう。

①年2回のニュースレター

先述した通り、ニュースレターは「1対多」の媒体ですから、元原稿をひとつ作れば、後は印刷・発送するだけです。労働量は顧客数に比例しないため、ここでは接触にかかる労働量はカウントしません。

②年2回の季節のお便り

一人ひとりのお客様に年賀状と暑中見舞いのハガキを送りました。ハガキは写真付きのポストカードを使用し、必ず2～3行の個人宛てメッセージを手書きしました。

８００人×年2回＝１６００枚

これを、年間３００日（1ヶ月25日）で割ると、1日6枚のハガキを書けばいいことになります。

③年1回の訪問

②と同じ考え方で、８００人×年1回＝８００回。これを年間３００日で割ると、1日約3人となります。つまり、毎日3人の顧客宅に訪問すればいいという計算です。

④年1回の電話

③と同じ計算式です。毎日3人の顧客に電話をかければ達成することができます。

……つまり、1日にするべき作業量は、「6枚のハガキを書く」「3人の顧客を訪問する」「3人の顧客に電話をする」だけです。

それらすべての作業時間は、平均で2時間かからないそうです。

たったこれだけ。毎日たった2時間程度の作業量で、トップ営業マンに君臨することができるのです。

ここで大切なことは、**全作業量を年間作業日数で割ること。**

彼は、冬の寒い時期から「暑い日々が続きますが、いかがお過ごしですか?」という文面の暑中見舞いハガキを書き、夏の暑い日から「昨年はたいへんお世話になりました」という文面の年賀状を書きました。

ほとんどの人が、12月に入ってから年賀状の準備をはじめます。

顧客データを整理すると、数千人分のデータがあります。しかし、数千人ものお客様一人ひとりに手書きしている時間はありません。だから、**印刷**をするのです。

その結果、印象の薄い年賀状が出来上がる。この悪しき習慣を変えればいいのです。

世の中には「年賀状は11月以前に書いてはならない」というルールはありません。夏の暑い時期から手書きしていけば、たった1人の労働力でも、いとも簡単に800人ものお客様に手書きメッセージを送ることができるのです。

もちろん、土日を休む場合は、年間264日（月22日）で割ってもかまいません。**大切なことは、年間の全作業量を年間作業日数で割ること。**これこそが、1日の作業量を最小化する考え方なのです。

また、それぞれの項目を効率化する考え方もあります。とくに、「毎日3人の顧客を訪問する」という部分は、週に1〜2日の訪問日を決めて、ひとつのエリアを集中的に1週間分のお客様を訪問します。その代わり、ハガキを書く量を1日8枚に増やすなど、変化させます。

要は、1週間単位でつじつまが合えばいいわけです（1ヶ月単位で管理していくと、それぞれの作業量が増大するので継続しづらくなる）。

また、訪問や電話に関して、「うちは店舗型営業だから、訪問や電話は関係ない」と感じた方も少なくないでしょう。

はっきり言って、繁盛している飲食店・美容室経営者は、日々顧客に電話をかけたり、訪問活動を行なっています。

とくに得意客に対しては、菓子折りを持参して自宅を訪問し、「いつも、ありがとうございます。そろそろ忘年会シーズンですので、今年もぜひよろしくお願いします」などと、訪問活動をしているのです。

他店の経営者は一切訪問活動をしていないし、そんな丁寧な挨拶をされたら、予約してくれるお客様が増えるのは当然です。それが、人情というものです。

そんな、目に見えない活動をしているのが繁盛店なのです。だからこそ、繁盛しているのです。

先に、顧客の感情を動かす方法は無限に存在するとお話ししましたが、訪問・電話・個別メール（メルマガではない）・手紙など、顧客と「一対一」で接触できる方法であれば、どのような方法でもかまいません。あなたの好みや店に合った手法を導入し、お客様との年6回の接触を行なってみてください。

一台数百万円の車販売の場面で成功した手法ですから、販売額数千〜数万円の小売店で成功しないわけがありません。

ちなみに、カーディーラーの営業マンの場合、ニュースレターを年2回発行していましたが、発行回数は平均購入額と来店頻度をもとに決めるようにしてください。

計算式は、**売上げの3〜5%**を目安にするといいでしょう。

※ニュースレターを1回発行するには、印刷代・郵送費を合算して1部130円かかるものとします。

たとえば、平均購入額「7000円」・来店頻度「年4回」の美容室の場合、1年間の購入額に算出すると、

7000円×年4回＝28000円

となるため、

２８０００円×３％＝８４０円
８４０円÷１３０円＝６・46……　つまり、年6回発行します。
平均購入額「3万円」・来店頻度「3年に1回」のメガネ店の場合、1年間の購入額に算出すると、
３００００円÷3年＝１００００円（1年間の平均購入額）
となるため、
１００００円×3％＝３００円
３００円÷１３０円＝２・３０７……　つまり、年2回発行することになります。

もちろん、平均購入額はあくまでも「平均」なので、年間10万円以上の顧客がいるかもしれません。そんな大切な顧客には、「毎月」発行するべきです。

その場合は、顧客を3段階に分け、A客には毎月、B客には2ヶ月に1回、C客には半年に1回などと、区別することをおすすめします。

要は、全体で3〜5％の範囲になればいいのです。

※顧客のランク分けについては、「売れる＆儲かる！ニュースレター販促術」（同文舘出版）に詳述していますのでご参照ください。

カーディーラー営業マンは、800人の顧客でトップ営業マンになることができました。しかも、「年6回の接触」は売り込みではありません。アフターフォローや、お互いのコミュニケーションを高める行為に徹したのです。売り込みなどする必要はありません。

なぜか？

お客様は、彼が何者かを知っているからです。

だから、年6回程度の接触で、ただひたすら信頼関係を築いていけばいいのです。

「知っている人＝信頼できる人」ですから、お客様が車を欲するタイミングが訪れれば、必ず買ってくれるのです。

では、あなたの店では何人の顧客とじっくりつき合えばいいのか？

私の持論である、「そもそも、そんなにお客様は必要ない」についてご説明していきましょう。

そもそも、そんなにお客様は必要ない

私が住む福岡市博多区には、10万もの世帯があります。人口にすると約20万人。膨大な数

字です。そこで、博多区で営業する店舗経営者の多くが、「同じ区域だから、博多区全域が店の商圏である」と思い込み、10万世帯に対する販促策を考えてしまいます。


地域全体に隈なく告知するために、新聞折込チラシを活用したとしましょう。

印刷代20万円＋折込費用30万円＝50万円
中小店においては、決して楽な数字ではありません。

一方、あなたの店には、どのくらいのお客様がいれば成り立つと思いますか？

仮に、年間3000万円の売上げの店を作るとして、平均購入額5000円、平均来店頻度年4回の場合、一人あたりの年間購入合計額が20000円となるので、3000万円÷20000円＝1500人となります。

つまり、1500人の固定客がいれば、3000万円の店を作ることができるということ。


ここで断言します。

中小店の場合、必要な顧客数は絶対に「万単位」にはなりません。

必ず、百～千単位で収まります。

仮に、それ以上の数のお客様が来店したとしても店には入りきれません。お断りするか、2号店を出すしかありません。

販売促進を考えるとき、多くの経営者がすぐに「万単位の顧客」を対象にするから、予算オーバーとなるのです。

そもそも、あなたの店に数万人のお客様が入りますか？　もちろん、入らないでしょう。**あなたが、じっくりと向き合うべき顧客数は、たかだか数千人程度なのです。**

では、1500人の顧客とじっくりつき合うためには何をすればいいのかと言うと、カーディーラーの営業マン同様、まずは「年6回（最低でも）の接触」をおすすめします（当然のことながら、「6回以上」接触すると、さらに効果は上がる）。

彼の場合、ニュースレター・ハガキ・訪問・電話などで接触しましたが、もちろんそれ以外の方法でもかまいません。お客様と定期的に接触できる方法であれば、何でもOKです。

ちなみに、カーディーラーの営業マンはたった1人で800人もの顧客とコミュニケーションをとることができました（しかも、作業量は1日わずか2時間弱）。

売上げ3000万円の店であれば、スタッフが3人程度はいるはずなので、店主であるあなたを含めて4人で作業を分担するようにしてください。

ここで大切なことは、**作業を全スタッフで分担することです。**

1500人÷4人＝375人

カーディーラー営業マンの2分の1以下です。これなら、毎日1時間程度で実施することができるでしょう。

「……しかし、毎日忙しくて1日1～2時間の時間をとることも難しい」と感じる人がいるかもしれません。

ここで少し厳しい表現かもしれませんが、あなたはいったい何のために仕事をしているのですか？（と、自分自身に問いかけてみてください）

仕事の目的は、「お金持ちになりたい」「スタッフの給料を上げたい」など、いろいろあると思いますが、それらの根源はすべて「お金」から派生しているものではないでしょうか？もちろん、「やりがい」などを主目的とする人もいますが、それでも赤字続きでは、店を継続することはできません。

店（会社）を経営するということは、売上げ・利益を継続的に得続けなければならないのです（この目標が達成できない人は、経営者である資格がない）。

では、その「お金」はどこから発生してくるのか？

店の売上げとなるお金は、すべてお客様からもたらされるのです。間違っても、仕入業者や広告制作会社からもたらされるわけではありません。店にお金をもたらすのは、お客様以外にはない、ということです。

つまり、店にとって最も大切な存在はお客様なのです。

ときどき、新人スタッフなどは間違った認識を持ちます。スタッフにとって、最も大切な存在は「社長」であると。

そうではありません。店、経営者、スタッフにとって、最も大切な存在はお客様です。

そんな、大切なお客様とコミュニケーションをとる時間がなくて、仕入業者や広告制作会社との打ち合わせをする時間はある、というのは何だかおかしな話です。

店を運営していくためには当然、仕入業者との打ち合わせも大切でしょう。しかし、まずは顧客にかける時間を第一義としてください。

今以上に、あなた（とスタッフ）の視線が顧客に向けば、店の経営は必ず好転していきます。

余談ですが、「経営において最も大切なことは何ですか？」と問われれば、私は迷わず**「顧客視点」**と答えます。

今以上に顧客の側に立つ視点、顧客を最重要視する視点さえあれば、売上げが上がらないはずがありません。

少し話が逸れましたが、カーディーラーの営業マンの手法（全作業量を年間作業日数で割る）を用いれば、3人のスタッフがいる店なら2400人、5人のスタッフがいる店なら4000人もの顧客とじっくり向き合うことができるのです。間違っても、「万単位」ではありません。

さらに、4000人のお客様の年間購入額が2万円であれば、売上げ8000万円の店が成り立ちます。もう、1店舗では収まりきれません。

そうやって、2号店・3号店を出店しているのが、繁盛店なのです。

繁盛店の正体

あなたの近隣の繁盛店は、なぜ繁盛していると思いますか？

「店主が魅力的だから」、「何となく雰囲気がいいから」

以前のあなたなら、そんな漠然とした答えしか見出せなかったかもしれません。

しかし、繁盛店は大枠で「販促の3段階必勝法」を導入し、緻密な計画を立て、それを継続する仕組みを作って実践し続けているから繁盛しているのです。

もちろん、「販促の3段階必勝法」という言葉は聞いたことがないでしょう。

しかし、彼らはそれを定義づける能力はなくても、「こうすれば必ず売上げが上がる」流れを感覚的につかみ、具現化しているのです。

3段階ではなく5段階で行なっているかもしれませんが、新規客をファン客に育てるという流れは、大枠で当てはまっているはずです。実際、今まで見てきた繁盛店の多くが、このやり方を実践していました。まさに、彼らは商売における天才と言ってもいいでしょう。

そんな彼らが、そのやり方を方式化するまでには、さまざまな苦労があったことでしょう。しかし、本書をお読みのあなたは、本書の内容を理解することで、いとも簡単にそのやり方の仕組みを理解することができたはずです。

後は実践あるのみ。

多くの店舗経営者が模索し続けてきた商売繁盛への道筋が、今明確な輪郭を伴って見えてきたのです。

そこで最後に、本書で述べてきた「販促の3段階必勝法」の流れをまとめてみます。

①新規客よりも、固定客を重要視する考え方を持つ

固定客は、新規客よりも低コストで来店してくれるし、割引を求めないから利益率が高い。また、顔なじみ客が増えると、スタッフのモチベーションが上がるというメリットもある。

②個人情報を取得する仕組みを作ったうえで、新規客を集めるための広告を実施する

固定客を増やすために、まずは店の存在を認知させる。その際、「短期集客ツール」「継続集客ツール」をバランスよく導入し、明日の売上げを作りながら、店の武器を増やしていく。

また、新規客を固定客に育てる（定期接触する）ために、初来店時には必ず個人情報を取得する仕組みを構築しておく。

③店・スタッフの情報を発信し、定期接触する

・人は、「知っている人」を信頼する

・情報を与えれば与えるほど、相手はこちらのことを好きになってくれる

・会話の量が増えるほど仲よくなる

この3つの「人間の習性」を利用して、コミュニケーションツールを使って店・スタッフの情報を配信し続けるのです。そうすることで会話の量が増えていき、お客様と仲よくなると同時に信頼関係が築かれていきます。その結果、あなたの店は、お客様にとって「特別な店」となっていきます。

④最後の仕上げとして、個人接触を図る

お客様と店の信頼関係が高まった土台のうえで、最後の仕上げを行ないます。恋愛における、プロポーズの部分です。その方法は、日常生活においてなかなか体験できない感動を与え続けることで、お客様と店の関係を絶対的なものにします。その結果、ファン客が増加していきます。

⑤あなたの商売繁盛が実現する！

以上が、「販促の3段階必勝法」の流れとなります。

前述しましたが、**「新規客獲得」「固定客化」「ファン客化」は、それぞれ密接に関連し合っています。**それぞれを逆に見ていくと、わかりやすくなります。

・ファン客を作るために、個人接触を行なう
・個人接触を行なうために、店やスタッフの情報をお届けしてファン客化への土台を築く
・コミュニケーションツールを定期的にお届けするために、個人情報を取得する

それぞれの目的が、その後に行なうアクションのために存在しているのです。

自宅にカタログが送られてきて、そこから機械的に注文する通販などにおいては、このような流れは必要ないかもしれませんが、**人（店主・スタッフ）と人（お客様）が接する商売**であれば、「販促の3段階必勝法」は、時代を超えて役立つやり方と言えるでしょう。

人と人との間に、大きな信頼関係やお互いを思いやる愛情があれば、どんな商品だって売れることでしょう。

恋愛における「あなたのことが好き」も、商売における「あなたの店が好き」も、基本原則は同じです。

「販売促進」「マーケティング」という用語を用いるから難しくなるのです。

もしあなたが、お客様と今以上に仲よくなりたいと願うのであれば、恋愛同様、**相手に好きになってもらうための努力**をすればいいのです。

人の最上の喜びは「人との関わり」です。

お金持ちの多くが、人生の終わりに「莫大な資産を築くことはできたが、それほど幸せではなかった」という言葉を口にします。お金持ちになったがために、他人と心の絆を築けなくなったからかもしれません。

また、お金持ちではなくても、「この世に生まれてきて本当によかった」と感じる人もいます。人生をともにする伴侶を得て家庭を築き、心から信頼できる知人や友人、親戚に囲まれた人生。それこそが、最高の幸せということなのかもしれません。

店を構えたとき、きっとあなたは「誰かを幸せにしたい」と感じたはずです。それが、自分であれ、奥さんであれ、家族であれ、お客様であれ、スタッフであれ、「人」であることに間違いはないでしょう。

仕事を通じて誰かを幸せにする。最高の人生だと思います。

その目的を達成してほしいという願いをこめて、私は本書を執筆しました。

私の職業柄、また出版社の意向もあり、本書では「販促の3段階必勝法」と名づけていますが、これは恋愛や友人関係においても共通する、「人と人との関わり方」を解説したにすぎません。

誰の教えを受けたわけでもなく、人がもともと持っている本能。人を好きになり、人に好かれ、あなたを中心軸に幸せの輪が広がっていく。

その結果、店の売上げが上がり、人生が豊かになっていくことは間違いないのです。

6

商売繁盛が実現する永久不変の法則

お客様を積み上げる

最後に、「仕事」の場面において、私がこれまでに学んできた3つの「教え」をご紹介させていただきます。

経営において、さまざまな「教え」がある中で、私が最も重要と感じた言葉があります。そのうちの、まずひとつ目の**「お客を積み上げる」**について、です。

独立起業後、私はたった1人でデザイン会社を立ち上げました。

冒頭でもお話ししましたが、毎日懸命に飛び込み営業を行ない、少しずつ仕事を獲得することができるようになりました。

徐々に仕事の量が増えていき、1人では捌ききれなくなったので若い男性スタッフを雇い、さらに営業活動に力を入れていきました。すると、さらに仕事の量が増え、2人目の社員を雇用し、順調に売上げを伸ばしていきました。

ところが、いくら売上げが上がっても、心の中の**「ある不安感」**は消えることはありませんでした。**その「ある不安感」とは、「来月の売上げ」です。**

多くの仕事をこなし、「今月は売上げの記録を更新した！」と喜んでも、来月は再びゼロからのスタートです。当時は定期的な仕事などほとんどなく、毎月ゼロから売上げを上げるしかありませんでした。

毎月訪れる、この不安感を何とか払拭する方法はないものか？　私は模索し続けました。

そこで、事業として具体化したのが、**「ニュースレター作成支援サービス」**です。

http://www.newsletter.jp

毎月、ニュースレターを作成する中小店のために、雛形（テンプレート）を提供するサービスです。

デザイナーや広告会社にニュースレターの作成を依頼すると、10～20万円の制作費用がかかりますが、これを低価格で提供するサービスがあれば便利だろうと考えたことがきっかけでした。

しかし、会社経営者としての裏の狙いは**定期収入**にありました。「来月の売上げ」に対する不安感を払拭するためのサービスだったのです。

当然、サービス開始当初は苦しい期間が続きました。もともと、10～20万円で販売するほど労力のかかるものですから、2～3の店舗と契約したとしても完全な赤字です。

しかし、契約店が増えれば増えるほど、損益分岐点を越えて黒字化していくはずです。

ただひたすら、契約店舗数の拡大を目標に、今度は「ニュースレター作成支援サービス」の営業活動に励んでいきました。その結果、サービス開始後数年で損益分岐点を越え、今ではわが社の有力商品にまで育ちました。

考え方はシンプルです。たとえば、100万円の仕事を1社から受注したとします。これはこれでありがたい仕事ですが、**「1社100万円」の受注スタイル**には、いくつかのデメリットがあります。

まずひとつ目のデメリットは、**シェア率**の問題です。仮に、毎月の総売上200万円の会社があるとして、その中の100万円が1社からもたらされていたとします。つまり、シェア率50%です。その仕事が半永久的に継続すればいいのですが、万一発注会社が倒産したら、一気に売上げの半分を失うことになります。

倒産しないまでも、ライバル他社に仕事を取られたり、企画自体がなくなるということは十分にあり得る話です。このように、1社だけに依存する経営は、常に大きなリスクがつきまとうことを意味しています。

ですから、理想的な会社経営は「1社100万円」ではなく、**「10社100万円」「100社100万円」**であるべきです。

もし、「10社100万円＝10社から10万円ずつ売り上げる形」が実現すれば、その中の1

社が倒産しても90万円残ります。3社が倒産しても、70万円の売上げが残るのです。つまり、売上減少のリスクが低くなるということです。私は、これを目指しました。

また、シェア率の高いクライアントに対しては、率直な意見が言いづらいというデメリットも生じます。とくに、広告制作という仕事では、発注側と制作側が意見をぶつけ合って広告を作っていく場面が少なくありません。発注側は「売るプロ」として、制作側は「作るプロ」として真剣に意見をぶつけ合い、その化学反応でよりよい広告が生まれるのです。

ところが、シェア率の高いクライアントに対しては、相手の言いなりになっている制作会社が少なくありません。仕事の真の目的は、「より効果的な広告づくり」であるはずなのに、シェア率が高いばかりに、目的が「発注担当者が好む広告づくり」になってしまっているのです。これでは、よい広告を作ることはできません。

広告を作る場面においては、双方が真剣勝負です。そこには、受発注の関係性が依存してはいけません。そのような公平な環境を作るうえでも、「1社100万円」は避けるべきなのです。

もちろん、1社からより多くの発注をいただくことは悪いことではありません。それはとてもありがたいことですから、喜んで受注するべきです。**あくまでシェア率は会社内の問題**

です。

ある1社から100万円の受注に成功したら、同様に別の会社からも100万円の案件が受注できるように努力すればいいのです。「会社の売上100万円・取引先1社」で満足するのではなく、「会社の売上1000万円・取引先10社」を目指すのです。

そうすれば、それぞれの取引先のシェア率は10%となり、1~2社が倒産したとしても、リスク回避できるし、公平な商談環境を保つことができます。

さらに、私が「ニュースレター作成支援サービス」をスタートさせたもうひとつの理由についてもお話ししましょう。

それは、**「お客様を積み上げる」**ことです。単発受注では、常に新規客を獲得しなければなりません。本書でも触れましたが、新規客は既存客に比べて大きな労力と経費を要します。しかし、「ニュースレター作成支援サービス」のような「会員サービス」の場合は、お客様が積み上がっていくのです。

当然、解約するお客様もいますが、サービスの価値を感じ取っていただいたお客様の多くが、長年契約し続けてくれています。

サービスに対して営業活動を怠らなければ、解約数よりも新規契約数のほうが大きくなっていくため、自然に顧客数が増えていくことになります。つまり、営業にかける労力は一定であるのに対して、売上げだけがどんどん増えていくという仕組みです。

当然、契約し続けてくれるお客様を飽きさせないための努力やフォロー活動などが必要になってきますが、この戦略を意識的に導入することにより、独立当初に抱えていた不安感はまったく感じられなくなりました。よけいな心労がなくなったので、その分、本業に注力することができます。

その結果、よりよいサービスや新規事業に取り組むことができるようになり、少しずつ会社の規模も大きくなっていきました。

このように、「お客様を積み上げる」サービスには、大きなメリットがあるのです。

では、店舗経営においてお客様を積み上げることはできるのか、についてお答えします。

それこそが**「ファン客化」**です。

来店したお客様に最大限の満足感を与えることで、リピートするお客様は必ず増えていきます。ネット会員サービスの「毎月自動引き落とし」などのシステムを使用することはできませんが、根幹部分はまったく同じです。会員サービスでも店舗経営でも、大切なことは、**いかに顧客満足度を高めることができるか**、です。

満足しないお客様は再来店しないし、会員サービスにおいてはさっさと解約してしまいます。逆に、一人ひとりのお客様の満足度を高める努力をしていけば、そこに価値を感じ取ったお客様は、必ず定期的に来店してくれるようになります。これこそが、店舗経営における「お客様を積み上げる」という戦略です。

そんなお客様の数が増えるほど、予約電話をお断りする機会が増えていくことになります。そのような状況に気づいたら、いよいよ2号店のオープン時期かもしれません。

それまで、1店舗だけで運営していたあなたの店から、お客様が溢れ出した瞬間です。

経営戦略として、「お客様を積み上げる」戦略は非常に重要な考え方となります。

神は細部に宿る

こんな実話があります。

売上げや品揃え、店の規模がほとんど同じ2つの雑貨店がありました。接客も申し分ないのにB店はお客様がまばら、A店だけが繁盛していました。疑問を持ったB店の店主が経営コンサルタントに調査を依頼したところ、売れない要因は**掃除の差**であることがわかりました。それも、**商品の裏側部分**。お客様の目には直接触れない箇所です。

そこで、B店の店主は半信半疑のまま掃除を徹底したところ、徐々に売上げが回復していきました。

接客、販促、アフターフォローなどといったさまざまな場面において、「これくらいでいいか……」と小さな妥協を許した瞬間、お客様はそれを敏感に察知して逃げていきます。信じられないかもしれませんが、それほどお客様は繊細で敏感なのです。

同様に、私がいつも社員や自分自身に言い聞かせている言葉があります。それは、**「99％を目指す」**です。人間だから、間違えることはあります。だから100％は不可能です。しかし、努力に努力を重ねれば、99％を達成することはできるはずです。

新人営業マンが一所懸命努力して提案したものを見ると、当然そこにはたくさんの「穴」が見つかります。受ける側のレベルが高いほど、その完成度は低く感じられるはずです。

しかし、そこに「99％を目指した努力の跡」が感じられれば、それでOKなのです。

とくに、私たちの本業である広告づくりにおいては、「正しい解答」はありません。だから、「この程度でいいか」と思いながら作成した広告は、やはり売れません。

「正しい解答」はわからなくても、99％に達するための努力をした広告は、ある程度の反応を見せます。世の中、そんなものです。

接客の場面においても同様です。

会話のテクニックや豊富な知識を持たない新人スタッフでも、一所懸命コミュニケーションをとるために話しかけてくれるスタッフには好印象を抱きます。会話が下手でも、そこに熱意が感じられれば、お客様のほうから会話をうまくリードしてくれるかもしれません。

あきらめたらそれ以上の発展はありませんが、そこに99％を目指す情熱が感じられれば、自然とまわりが応援してくれるものです。情報量の多さや個人のスキルは二の次です。

嘘偽りなく真剣に努力をすれば、お客様は必ず反応してくれるし、広告の反応も高まっていきます。

精神論を語っているのではありません。

試しに、あなたの周囲にいる先輩や上司、成功者にたずねてみてください。「言葉や商品を通して、売る側の感情を感じることはありますか？」と。レベルの高い人ほど、大きくうなずいてくれるはずです。

そして、**99％の努力をした商品は光り輝きます。**商品がお客様に声をかけ、お客様がその声に吸い寄せられて商品を手に取るのです。雑貨店B店の場合、「お客様の目には触れない部分だから、商品の裏側は掃除しなくていいや」と小さな妥協を許した瞬間、99％に到達しなかったのでしょう。それこそが、「売れない要因」だったのです。

とくに、今は売れない時代ですから、一気に売上アップを実現したいと願う経営者が少なくありません。大きな視点を持つことは大切なことですが、物事のすべてを大局的に捉えていると、小さな部分には意識が届きにくくなります。

繁盛している店の経営者と会うと、その多くが豪快な性格の人物に映ります。大胆で威風堂々としていて、よく高笑いをします。彼らは物事を大局的に見つめ、大胆な経営を行なっているように見えるでしょう。

そんな器の大きな経営者に憧れを持つ気持ちもわかりますが、そんな成功経営者の多くが、一方で**繊細な心**を持ちあわせています。掃除やお金に関しては、鋭い視点を持っている人が実に多いのです。

試しに、繁盛店に行った際、店のテーブルを指で軽くこすってみてください。汚れひとつないことに気づくはずです。それほど、細かい部分に意識を向けているということです。

また、繁盛店の共通点のひとつに**「利便性」**があります。それは、注文したいときにはすぐに声をかけられる仕組みであったり、個室の温度が暑い場合は、目の前にリモコンがあります。

何気ない気遣いですが、そんな小さな気遣いの積み重ねが、「何だか居心地のいい店」と印象づけられるのです。

つまり、繁盛店は**大胆と繊細**を兼ね備えているということ。そんな、小さな一つひとつの気遣いを言い表わした言葉があります。

「神は細部に宿る」

これは当然、商売にも通じる言葉です。

大局を見て大胆な経営を行なう視点も大切ですが、まずは目の前のことに全力を注ぎましょう。

一度、自分の店を客観的な視点で徹底的に見つめ直してみてください。慣れすぎて難しいようであれば、知人を無料招待して、小さな欠点をすべて洗い出してみてください。

「こんなところに欠点があったのか!」と驚くとともに、そこにはあなたの店が繁盛するためのヒントが数多く隠されているはずです。

「神は細部に宿る」

経営するうえで、忘れてはならない言葉です。

お客様との絆を築く

最後の教えは、**「お客様との絆を築く」**です。

私は仕事柄、インターネットを使う機会が多いので、「楽して稼ぐ」的な言葉を目にすることが多いように感じます。

「寝ている間に１００万円」や「不労所得で1億円」などです。とくに、株や不動産投資などを使ったものが多いようです。

これらの言葉は広告コピーとしては目を引きますが、原則として世の中には「楽して稼ぐ」方法はありません。時代背景や流行によって、瞬間的に「楽して稼ぐ」が成り立つことはあるかもしれませんが、それが5年も10年も長続きするとは思えません。

ただ、先祖から引き継いだ土地を持っていて、それほど働かなくても収入を得られる人はいるでしょう。しかし、それをもとに、ただ遊んで暮す人生に幸せは訪れません。

やはり、人は働くべきであり、そこにこそ「生きている喜び」を感じるのではないでしょうか？　真の幸せは、労働でしか得られないということです。

少し話が逸れましたが、世の中に「楽して稼ぐ」方法がないのであれば、残る方法は**努力**しかありません。

本書で述べたように、コツコツと一人ひとりのお客様に触れ、お客様を積み上げていくしかありません。つまり、**お客様との絆を築いていく、ということ**です。

200ページ近い書籍で、「結論はそこか」と落胆しないでください。これこそが、商売繁盛の王道であり、最短の道であり、また関わるすべての人の幸せを呼び寄せる方法でもあるのです。

余談ですが、私は10年間小さな会社を経営してきて、さまざまな悩みと喜びを味わってきました。その多くが、「人」に関することばかりでした。

気苦労が多いのが社長業なのだな、と改めて感じさせる出来事ばかりです（世の多くの経営者も、私と似たような悩みを抱えていることでしょう）。

では、他の経営者はそのような局面をどのように乗り越えているのか？　興味の向くままに、さまざまな経営者に話を聞いたり、テレビや書籍などから情報を見聞きしていると、経営者には大きくわけて2つのタイプがあることがわかってきました。

ひとつ目は、社員の満足度を上げてよりよい会社を作り上げ、会社の規模を大きくし、自身が退いた後も会社が永続していく仕組みをつくるタイプです。

もうひとつは、圧倒的なカリスマ性を発揮するものの、給与や福利厚生などには無関心。会社の商品は社長自身であり、社長引退後のことなど一切考えていないタイプです。

一見すると、前者が人徳のある経営者で、後者が悪者といったイメージがあるかもしれませんが、そうとも言い切れません。

カリスマ経営者には圧倒的な魅力があり、過酷な環境の中から「いつか俺も！」というエネルギーを蓄えた社員を育てている可能性が高いようです。

どちらがよくてどちらが悪いという話ではなく、それぞれに重要な役割があるということです。

そんな経営者の姿を見ていると、経営における気苦労からか、私も後者の道を突き進もうと思い至ることが少なくありません。

もっともっと自分を磨いてレベルを上げ、私の名前だけで商品が売れるようになれば、会社としては十分に機能するという考え方です。ただ、その出発点がよくありません。

カリスマ経営で成功している経営者は、きっとそのようなことで悩んだりすることさえないのでしょう。それほどまでに自分自身を信じ、圧倒的な努力をしているからこそ、カリスマになれたのです。その点、私にはそれほどの才能があるとは思えません。

これは、永久に解決できない「迷い」なのかもしれませんが、経営スタイルを決断できずにいる自分自身を感じることがしばしばあります。

ただ現在、私の会社には7人のスタッフがいます。彼らは、私の会社に何かを感じ取ったからこそ、入社してくれたのでしょう。小さな未来なのかやりがいなのか、その本心はわからないので、そんなことはどうでもいい話です。ただ、少なくとも私よりも若い彼らには、この先私よりも長い未来があります。

心のどこかで私を信じてくれたからこそ入社してくれたのであって、であれば、私には彼らの未来をよりよいものにする責任があると思うのです。

そこに、カリスマ経営との矛盾を感じて葛藤する日々が続きました。

そんな折、弊社で新規事業を立ち上げました。

「販促の3段階必勝法」の最後の仕上げで使用するポストカードを専門販売する、ネットショップの運営です。約半年間で、９００種類以上のポストカードを品揃えするには多大な労力を要しましたが、社員の熱意で無事オープンすることができました。

そんなある日、店長の中山がこんな言葉を口にしました。

「この店では顧客満足２００％、日本一の最良店を目指す！」

彼が、熟考したうえに紡ぎ出した言葉です。

ちなみに、顧客満足200%とは、サイトを訪れてくれた方や購入者に100%の満足感を与えることはもちろん、そこで得られた満足がクチコミとなり、もう1人の新規客を連れてきてくれることを意味しているそうです。だから200%。

すばらしい言葉だと思いました。

彼は、「この考え方は間違っているかもしれませんが……」と謙遜しながら説明してくれましたが、そんなことはありません。私でさえ創造し得なかった、心溢れる決意だと思いました。

そして、この言葉を聞いたとき、私はカリスマ経営の道を捨てる決意をしました。

当然、他を圧倒する力をつけるための努力は続けるし、今以上に「求められる人」であり続けたいと思っています。

ただ、これから推し出していくのは「私自身」ではなく、「株式会社ザッツ」です。

私が引退するまでに勝利の方程式を掴み取り、その後スタッフたちがそれを後輩たちに伝えていくことで、会社が永続的に存在し続ければいいと思い至ることができました。

当然、これからも経営者としてのさまざまな悩みや喜びを経験していくでしょう。しかし、それを補うほどの力が、彼の言葉には宿っていたのです。

彼らを、心の底から信じてみようと思った瞬間でした。

顧客満足を追求してください。

その先には、必ずお客様との絆を感じ取ることができるでしょう。そうなれば、お客様は必ずあなたの店を選んでくれます。文化がいくら発達しようとも、この方程式だけは崩れることはありません。

そして、お客様との絆を築く最もシンプルで具体的な方法こそが、「販促の3段階必勝法」なのです。

最後に、妻が作った寓話を紹介し、筆を置きたいと思います。

ある幼稚園に2人の姉妹がいました。

2人は、先生からもらった植物の種を植え、育てることにしました。

そして、数ヶ月が経ったある日、先生が花壇を訪れたところ、妹の種からは見事な植物が育ち、大きな花を咲かせていました。

ところが、姉が植えた場所には枯れはてた植物の芽しかありません。

先生が、「なぜ?」とたずねると、姉は首を傾げました。

枯れはてた原因がわからないようです。

そこで次に、先生は妹にたずねてみることにしました。

「なぜ、あなたの植物は見事に育ったの？」

すると、妹は笑顔でこう言いました。

「毎日、水と肥料を与えたからよ♪」

あとがき

独立から半年後、私は憔悴し切っていました。

自信をもって起業したものの、思うように仕事を受注できない自分に対して苛立ち、疲れ、希望の光を見失いかけていました。

そんなある日、知人が酒の席を用意してくれました。

その知人は私の肩をたたき、励まし、その場で仕事の斡旋までしてくれました。

父から「男は泣くな」と育てられてきたにもかかわらず、涙が溢れて止まりませんでした。

その後、そこで得た仕事がきっかけで、会社は少しずつ軌道に乗りはじめました。

感謝しても感謝しきれないほどの恩を、知人からもらったのです。


その知人が、2年前に亡くなりました。

毎日病院に通い、言葉を発しない彼に対して、今度は私が懸命に励まし続けたのですが、病状は回復しません。

病院に通う間、こんこんと涙が湧き出てきます。何とか回復してほしい！　しかし、その願いは適わず、知人は帰らぬ人となりました。

その後、私はあることを心に決めました。それは、「真の幸せ」をつかむことです。

若くして人生を終えた彼の分まで一所懸命に生きて、「真の幸せ」をつかみ取ることを固く心に誓いました。


仕事の場面においても同様です。

会社の規模、売上げ、仕事の内容と量。どれくらいのラインが一番幸せなのか、を常に考えるようになりました。

売上高1000万円の店と一億円の店ではどちらが幸せなのか？　必ずしも、一億円の店のほうが幸せとは限りません。その価値基準は人それぞれでしょう。

また、お客様との関わり方についても、お客様との接点は、すべて社員に任せる経営者と、常にお客様と接しながら売上げを上げる経営者とでは、はたしてどちらが本当に幸せなのか？

当然、その答えも人それぞれでいいと思います。

ただ、大切なことは、そのラインをしっかりと見定める、ということです。無理に背伸びをし過ぎても経営はうまくいかないし、常に保守的な姿勢では上昇できません。

経営者と社員、お客様のすべて「真の幸せ」を感じられるラインを、明確に設定することが大切なのではないでしょうか。実は、これこそが本書でお伝えしたかった真のテーマかもしれません。

幸せな仕事環境を実現していただきたい。

仕事で得られる幸せとは、やはり「人」との関わり以外には得られないものです。

何が本当に大切なことなのか？　そのことをお伝えしたくて、本書を執筆しました。


その後、私はその知人の葬儀場で驚いてしまいました。

中規模の葬儀場に人が押し寄せ、溢れ出ているのです。きっと道行く人は、「よほど有名な人なのだろう」と思ったことでしょう。

知人は、私にしてくれたように、生前、多くの人々を幸せにしていたのです。

私も、もうその頃になると涙も枯れはて、少しだけ微笑むことができるようになっていました。


本書を、故・堀正徳氏に捧げます。

著者略歴

米満和彦（よねみつ　かずひこ）

株式会社ザッツ代表取締役。"売れる"ニュースレター作成支援研究会代表。1969年鹿児島市生まれ。鹿児島大学卒業後、西日本最大手の印刷会社㈱ゼネラルアサヒ入社。2001年4月独立起業。飲食店・美容室を中心とした小さな店の販促支援を行なっている。小さな店の最大の武器である「人」、「情熱」を最も的確に訴求できる販促ツール・ニュースレター作成の第一人者として、全国規模で【売れるニュースレター作成支援サービス】を展開する他、販促ツール販売ショップを運営している。
著書に『ひと味違う販促企画アイデア集』『売れる＆儲かる！ニュースレター販促術（共著）』『0円販促を成功させる5つの法則』（以上、同文舘出版）がある。

【自社サイト・メルマガ】
●販促アイデア大百科　http://www.hansoku.info
●無料メルマガ「売れる成功事例集！『販促アイデア大全集』」
http://www.mag2.com/m/0000111477.html
【運営サービス】
●売れるニュースレター作成支援サービス　http://www.newsletter.jp
●ポストカード専門店 clipy　http://www.clipy.jp
●有料メルマガ「スゴイ！販促」　http://www.hansoku.info/sugoi.html

各サービスの問い合わせ先　thats334@ybb.ne.jp

不景気でも儲かり続ける店がしていること

平成23年5月2日　初版発行
平成23年6月1日　2刷発行

著　者 —— 米満和彦

発行者 —— 中島治久

発行所 —— 同文舘出版株式会社
東京都千代田区神田神保町1-41　〒101-0051
営業　03（3294）1801　編集　03（3294）1802
振替　00100-8-42935　http://www.dobunkan.co.jp

ISBN978-4-495-59301-8

印刷／製本：萩原印刷
Printed in Japan 2011